DE
REYES
Y
PROFETAS

MARK RUTLAND

CASA CREACIÓN
Para vivir la Palabra

Para vivir la Palabra

MANTÉNGANSE ALERTA;
PERMANEZCAN FIRMES EN LA FE;
SEAN VALIENTES Y FUERTES.
—1 CORINTIOS 16:13 (NVI)

De reyes y profetas by Mark Rutland
Publicado por Casa Creación
Miami, Florida
www.casacreacion.com
©2021 Derechos reservados

ISBN: 978-1-955682-09-1
E-book ISBN: 978-1-955682-10-7

Desarrollo editorial: *Grupo Nivel Uno, Inc.*
Diseño interior: *Grupo Nivel Uno, Inc.*

Publicado originalmente en inglés bajo el título:
Of Kings and Prophets
por Charisma House
600 Rinehart Road, Lake Mary, Florida 32746
Copyright © 2021 by Mark Rutland
Todos los derechos reservados.

Nota de la editorial: Aunque el autor hizo todo lo posible por proveer teléfonos y
páginas de internet correctas al momento de la publicación de este libro, ni la editorial
ni el autor se responsabilizan por errores o cambios que puedan surgir luego de haberse
publicado.

Impreso en Colombia

21 22 23 24 25 LBS 9 8 7 6 5 4 3 2 1

Contenido

Prólogo

SI USTED ES un ávido lector y estudiante de la Biblia, es posible que en ocasiones haya notado que la Palabra de Dios presenta temas y situaciones que son algo difíciles de entender. Aún más preocupante es el modo en que algunos pueden leer la Palabra de Dios y entender algo que, en realidad, no es como piensan. Eso crea conflicto y confusión dentro del cuerpo de Cristo, lo que dista mucho de la unidad que Dios nos insta a exhibir. Sin embargo, en mis muchos años leyendo las Escrituras, he observado que una de las razones por las que no entendemos —o malinterpretamos— los detalles del Nuevo Testamento es porque tenemos una comprensión parcial de lo que sucedió en el Antiguo Testamento. Simplemente, no hay forma de apreciar a plenitud la majestuosa manera en que Dios se revela a sí mismo en el Nuevo Testamento, aparte de indagar en las raíces del Antiguo Testamento.

Un área que parece ser particularmente confusa en estos días es la del liderazgo y cómo podemos relacionarnos con los que están en el poder. Agradezco que mi amigo, el doctor Mark Rutland, que comparte mi profundo amor por la Palabra de Dios, se haya tomado el tiempo para ahondar en el Antiguo Testamento y encontrar respuestas a muchas de las preguntas que los creyentes se hacen hoy. En este, su libro más reciente, *De reyes y profetas*, Mark da una mirada singular a las vidas de los líderes del Antiguo Testamento y los santos hombres a través de los cuales el Señor decidió hablar. Su obra se centra en las relaciones entre los hombres que se sentaron en los tronos de Israel y de Judá, y los profetas de Dios que los reprendieron y los aconsejaron. Al examinar sus interacciones, podemos aprender cómo pueden y deben los cristianos responsabilizar a los líderes. También recibimos una guía invaluable sobre cómo nosotros, cual creyentes, podemos ejemplificar la participación piadosa en nuestras iglesias, comunidades y hasta en nuestro país.

Mark cuestiona y responde la pregunta: ¿Cómo puede la iglesia cumplir con su mandato profético si nos preocupamos más por lo que los políticos puedan hacer por la iglesia que por lo que Jesús demanda de ella? Los profetas se enfrentaron sin miedo a los líderes más poderosos de su época, los reyes. También los consolaron, los aconsejaron y, cuando se desviaron, los guiaron de regreso al Señor su Dios y redentor. Como hombres y mujeres llamados a servir a Jesús en el cuerpo de Cristo, debemos "santificar a Cristo como Señor en [nuestros] corazones, estando siempre dispuestos a defender a todo aquel que [nos] pida dar cuenta de la esperanza que es en [nosotros], pero con mansedumbre y respeto".[1] Debemos tener vidas piadosas para que podamos mirar a los ojos a cualquiera que encontremos —ya sea en la iglesia, en el mercado, en circunstancias adversas o en los pasillos del poder— y llevarlos amorosamente al Dios de gracia mediante la proclamación de la verdad.

Es por eso que estudiar a los reyes y los profetas es tan crucial, porque estos eran santos mensajeros de Dios. Hoy, todavía nos hablan y nos muestran cómo ser "embajadores de Cristo, como si Dios estuviera haciendo un llamado a través de nosotros".[2]

Es mi oración que acompañe a Mark en la travesía que está a punto de emprender y permita que los profetas le hablen como hablaron con los reyes. Acérquese a esos grandes hombres de Dios del Antiguo Testamento, aprenda de ellos, asimile su sabiduría y permita que le moldeen. Porque, como dice Proverbios, "el que camina con sabios será sabio".[3] No solo le mostrarán cómo presentarse ante los monarcas, sino que le enseñarán cómo representar al Rey de reyes a la vez que glorifica su nombre.

—Dr. Charles Stanley
Fundador de Ministerios En Contacto
Pastor emérito, Primera Iglesia Bautista de Atlanta

CAPÍTULO 1

El consejo de Dios en medio de la confusión de los hombres

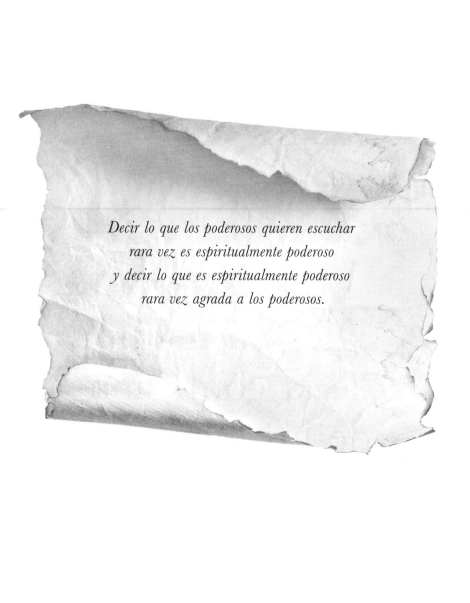

Decir lo que los poderosos quieren escuchar
rara vez es espiritualmente poderoso
y decir lo que es espiritualmente poderoso
rara vez agrada a los poderosos.

EN UNA CONFERENCIA universitaria sobre la naturaleza del avivamiento conté, entre otras cosas, algunos de los resultados negativos y positivos del avivamiento galés. Mencioné que, a pesar de algunos excesos y errores, cien mil personas se convirtieron en un año, se enviaron misioneros alrededor del mundo y la sociedad fue mejorada de manera profunda. Como ejemplo, ofrecí la estadística que corrobora que los arrestos por embriaguez pública se redujeron en más del cincuenta por ciento en las primeras semanas del avivamiento.

Una estudiante inmediatamente alzó la mano y dijo con cierto con enojo: "No he escuchado nada sobre eso. ¿Por qué no aparece en las noticias? ¿Se niega la prensa liberal a informar sobre ese asunto?".

Apenas supe qué responder. Me sentí avergonzado por ella, pero no quise aumentar la incomodidad haciéndola sentir insensata. No tenía por qué preocuparme. "Lo siento", dije. "Puede que no lo haya dejado claro. Eso sucedió en 1904 y 1905. Simplemente pensé que..."

"¡Vaya, que bien!", me interrumpió la chica. "¿Por qué estamos hablando de eso? ¡No nos importa un avivamiento que sucedió en 1904! No es por eso que asistimos a esta actividad. Háblenos del avivamiento en el presente, en este mismo momento. Todo lo que sucedió en 1904 es irrelevante para nosotros".

Para ser fiel y generoso con sus compañeros de clase, no estoy seguro de que ella hablara por todos los demás, aunque ninguno de ellos se levantó para contradecirla. Al contrario, parecían estar esperando a ver si yo tenía una respuesta a lo que ella obviamente sentía, y quizás algunos de ellos también sintieron, que era el final de mi credibilidad. Quiero decir, ¿1904? ¿En serio?

Le sugerí que si un avivamiento en Gales hacía apenas ciento veinte años era irrelevante, entonces lo del aposento alto no debía tener absolutamente ningún significado ya que sucedió hace más de dos mil años. A regañadientes reconoció el punto, aunque solo en parte, y afirmó: "Bueno, la Biblia es diferente". Claro, por supuesto que lo es.

Una perspectiva cronológica tan despectiva como la de ella es, sin duda, lamentable. Algunos, sin embargo, y eso es infinitamente peor, emplean el mismo argumento en cuanto al Antiguo Testamento. Tienen una especie de actitud tipo: "Eso era entonces, ahora es distinto" hacia Génesis como si fueran un Malaquías. Señalan que las personas de las que hablan esos libros eran antiguos judíos precristianos que vivieron hace miles de años. ¿Por qué lo que entendemos acerca de lo que Jesús es en la vida actual debe compararse con un trasfondo tan irrelevante? Sin embargo, esas personas no parecen darse cuenta de que la extrapolación predecible de tal razonamiento es desastrosa. Un Nuevo Testamento sin el peso de un Antiguo Testamento parece ser lo que algunos están sugiriendo. El problema es que puede conducir inexorablemente a un cristianismo no bíblico, pero sumamente contemporáneo, libre del peso de ese molesto e irrelevante *Nuevo* Testamento. En otras palabras, si manipulamos al Antiguo Testamento, entonces, ¿por qué no también el Nuevo?

Por desdicha, incluso aquellos que no están del todo dispuestos a deshacerse del Antiguo Testamento quieren al menos aligerar su carga haciendo que opere en favor de fragmentos o textos que parecen más relevantes. Dicen, o al menos piensan, algo como: "¿Qué pueden significar hoy Levítico o Deuteronomio para nosotros?". A menudo menosprecian, particularmente, a los profetas. Otros están a favor de considerarlos, pero quieren elegir a sus profetas con cuidado y, a menudo, en cierta manera políticamente correcta. Esas personas citan a los profetas cuyos mensajes concuerdan con lo que creen o refuerzan sus argumentos políticos. Lo que nos lleva a la conclusión de este libro. No quería escribir una obra biográfica de los profetas. Tampoco quería concentrarme en sus mensajes. Lo que buscaba y lo que espero que usted reciba es una nueva mirada a un aspecto particular del ministerio del profeta: lo que sucedía cuando un profeta llegaba a alguna intersección de la historia al mismo tiempo que uno de los reyes. Ese punto culminante era lo que quería explorar.

Las ridículas arenas movedizas del vocabulario contemporáneo han hecho virtualmente imposible el uso de términos como *verdad* y *poder*. Se ha vuelto popular decir "tu verdad" en lugar de *la* verdad. Interrumpir a un orador con gritos o sabotear una reunión gritando obscenidades en el punto de vista opuesto ahora se llama "decir la verdad al poder".

Los profetas, en verdad, le decían la verdad al poder. Proclamaban la verdad real, no una mezcla confusa de causas populares, y se lo decían al poder real, no a un político fácilmente intimidado que intenta ser reelegido. Los profetas hablaban con reyes, verdaderos monarcas cuya palabra era ley y que podrían haber ordenado su ejecución en un abrir y cerrar de ojos. Los profetas, aunque no perfectos, eran extraordinariamente valientes. Los reyes eran, bueno, humanos y por lo tanto imperfectos. Su poder era sin restricción; por tanto, sus defectos se magnificaban. Algunos de los reyes, como Acab, eran asesinos idólatras. Otros eran simplemente narcisistas sin principios que despreciaban que les dijeran la verdad.

Cualquier estrella de cine enormemente superficial, pero asombrosamente apasionada, promueve una consigna partidista o ideologizada acorde con la causa del momento y la aclaman como una persona muy valiente. Pocos parecen inclinados a señalar que prácticamente todo el mundo ya está de acuerdo con ella en la ceremonia de premiación, en la que ella dijo con tanta valentía lo que la haría aún más popular entre sus colegas. Eso no es decirle la verdad al poder.

Juan el Bautista era primo de Jesús de Nazaret. Según cualquier definición razonable, era un gran profeta, un coloso que se paró con un pie firme en el Antiguo Testamento y el otro en el Nuevo Testamento. Al igual que su primo Jesús, Juan era amado por las masas y odiado por los poderosos de su época. Seguramente que los líderes religiosos de la época de Juan estaban destinados a ser encantados con el tsunami de arrepentimiento genuino y santidad de vida y corazón. Seguramente aquellos religiosos en posiciones de poder querrían que el corazón de la gente se volviera, en una manera dramática, hacia Dios. Seguramente. Sin embargo, todos, excepto los más ingenuos, saben que eso nunca fue ni sería cierto. Aquellos religiosos con tanto poder tenían mucho más que perder, por lo que no iban a rendirse ante un hombre —bárbaro hasta la médula— en el río Jordán. Cuando Juan le habló a aquella multitud, le dijo la verdad al poder. Odiaban a Juan el Bautista, pero en las Escrituras no está claro si tenían el poder o un plan sólido para matarlo.

Herodes Antipas era otra historia. Herodes no necesitaba ningún plan. Todo lo que tenía que hacer era chasquear los dedos. Herodes Antipas era un rey títere de Israel, apoyado en su trono por el poder sustentador de Roma. Su poder era relativamente local, pero absoluto. Herodes Antipas era un egocéntrico maníaco, incestuoso y peligrosamente débil, hijo de Herodes el Grande, que fue otro trastornado genocida y asesino sanguinario.

Juan sabía todo eso. No se hizo falsas ilusiones, no se engañó. Fue un hombre sumamente valiente. Tanto que denunció a

Herodes Antipas por su "matrimonio" incestuoso con su propia cuñada, la esposa de su medio hermano, Herodes Felipe. Juan denunció esa maldad en los lugares altos en términos inequívocos, por lo que Herodes lo encarceló de inmediato. Juan podría haber languidecido allí o aun haber obtenido su libertad si no hubiera sido por las aborrecibles maquinaciones de la "esposa" de Herodes, Herodías, y la danza erótica de su hija. Herodes era un lunático procedente de una familia llena de locos, pero Herodías no era precisamente la Madre Teresa. Esta, en esencia, convirtió a su propia hija en una estrella porno para poder ver la cabeza de Juan el Bautista en una bandeja.

Hay predicadores que afirman que Juan subestimó la furia de una mujer denunciada en público por lo que era. Eso no es verdad. Juan no estaba confundido ni era nada ingenuo. No era un primitivo hombre de las cavernas, ni un ser poco sofisticado que se equivocaba hasta dónde podía llegar impunemente. Era un profeta, uno muy valiente.

Los profetas del Antiguo Testamento eran una raza extraña y esa sangre espiritual corría por las venas de Juan el Bautista. El ADN de los profetas es algo poderoso, pero no es la clave de la popularidad entre los despiadados agentes del poder.

¿Y Juan el Bautista? ¿Era realmente un profeta? Por supuesto que lo era; es más, el propio Jesús afirmó de manera determinante que lo era, pero ¿era acaso un profeta como Elías? La historia de toda su vida, tan breve y tumultuosa como fue, está registrada distinguidamente en el Nuevo Testamento, por lo que en ese sentido fue un profeta neotestamentario. Sin embargo, profetizó la aparición inmediata e inminente del Mesías, lo que lo convertiría en el último de los profetas veterotestamentario, muy parecido a Isaías, por ejemplo.

Eso lleva a dos cuestionamientos: ¿Hubo otros profetas del Nuevo Testamento? ¿Hay todavía profetas? En cuanto a la primera pregunta, sí. Agabo, por ejemplo, fue un profeta de confianza en el Nuevo Testamento. De hecho, pertenecía a un grupo de profetas descritos en el Libro de los Hechos que fueron de Jerusalén a Antioquía.[1] Agabo profetizó una gran hambruna en todo el mundo conocido en esa época y la iglesia en Antioquía, confiando en esa profecía, envió —de inmediato— fondos de ayuda a los creyentes en Jerusalén. La profecía de Agabo está validada y con sello fechado: "Esta [hambruna] tuvo lugar durante el reinado de Claudio".[2] Suetonio, el historiador romano, registra esa hambruna y la describe como una muy horrible y duradera —entre 44 y 48 d. C.—, cuando las turbas romanas hasta amenazaron al propio emperador.[3]

Ese mismo Agabo aparece otra vez en Hechos 21 para profetizar dramáticamente que, si el apóstol Pablo regresa a Jerusalén, será arrestado y entregado a los poderes gentiles. Pablo no niega la validez de la profecía. Simplemente dice que está preparado para sufrir y hasta para morir. En efecto, Pablo va a Jerusalén y ahí puede ver el cumplimiento de cada palabra profetizada por Agabo.

Por lo tanto, podemos decir con seguridad que Juan el Bautista no fue el único profeta del Nuevo Testamento. Hechos también registra que Felipe el evangelista tenía cuatro hijas vírgenes "que profetizaron".[4] Lucas, el escritor de Hechos, no llega tan lejos como para llamarlas profetas. Simplemente dice que hicieron lo que hacen los profetas. Eso puede ser una diferencia obvia, pero vale la pena señalar el valor de lo dicho.

Todo lo cual nos lleva al día de hoy. ¿Hay profetas aún? Este libro no trata sobre los dones del Espíritu en la iglesia contemporánea. Eso es para otro libro. He escrito y predicado sobre ese tema en el pasado, por lo que me reservo el derecho de hacerlo en el futuro, pero aquí solo quiero tratar con la profecía.

El hecho de que Agabo existió y que la iglesia, en su propio tiempo, lo aceptó como profeta, afirma en voz audible que hubo profetas en el Nuevo Testamento. No hay profetas hoy que sean aceptados total y ampliamente como tales por la iglesia en general, a excepción de algún enclave pequeño. Eso puede hablar de la desaparición de ese oficio. Es probable que algunos digan eso. Puede que eso solo refleje la pobreza espiritual y la división teológica fragmentada de la comunidad de fe en la actualidad. Eso también es para otro libro.

De lo que quiero hablar es acerca de la verdadera naturaleza de los profetas. Algunos "profetas" modernos son realmente alentadores. Animar a los demás con palabras esperanzadoras, como "tu bendición está en camino" o "Dios te devolverá todo lo que has perdido", no es nada malo en sí mismo. Me encanta escuchar palabras de aliento. Creo que decirles a los demás frases y expresiones inspiradoras es un buen ministerio. Sin embargo, a menos que sea una profecía específica dada a un profeta por Dios mismo, si el "profeta" simplemente está animando a alguien, si es una "palabra" general tuiteada a las masas, no me atrevo a decir que eso sea profecía ni que el que lo proclama sea un profeta.

Ninguna de las profecías registradas de Agabo fue positiva ni mucho menos inspiradoras. Una trataba acerca de una hambruna y otra sobre el inminente arresto y encarcelamiento del apóstol Pablo. Eso no quiere decir que toda profecía válida deba ser negativa o pesimista. Difícilmente. Nadie puede imaginarse una profecía más positiva y alentadora que las palabras de Juan el Bautista acerca de Jesús: "He aquí el Cordero de Dios, que quita el pecado del mundo".[5]

Sin embargo, es importante saber que un flujo constante de declaraciones generales que hagan sentir bien a las personas no forjan al profeta. Tampoco las "profecías" impulsadas emocionalmente sobre los acontecimientos actuales. Por ejemplo, cualquier persona que profetice sobre noticias específicas de primera plana debe rendir cuentas por lo que afirma. Los profetas que "presagian" lo que esperan que suceda no son profetas en absoluto. Dios no está obligado a cumplir con las listas de deseos de los predicadores que afirman tener autoridad profética. Los predicadores que afirman tener autoridad profética están obligados a escuchar a Dios, decir solo lo que él dice, sin agregar nada, ni omitir nada, para entonces vivir o morir con las consecuencias.

Los profetas rara vez son populares. Respetados, sí. Populares, tal vez no tanto. Mi sospecha es que cuando Agabo apareció en aquella reunión, algunos de los que estaban en la fila de atrás se dirigieron al estacionamiento. Los profetas rara vez son amados por los que ocupan posiciones de autoridad, sean estas en cuanto a lo religioso o lo político.

El favor de los que están en posiciones privilegiadas puede ser un regalo de Dios. También puede ser una trampa mortal. Decir lo que los poderosos quieren oír rara vez es espiritualmente poderoso y decir lo que es espiritualmente poderoso pocas veces agrada a los poderosos. La ungida Palabra de Dios es una espada de dos filos. Los líderes de nuestros días andan nerviosos por las espadas que otros tienen en sus manos, por lo que rara vez tratan a los profetas con respeto.

Cuando el cadáver destrozado y decapitado de Juan el Bautista yacía en el suelo de la prisión de Herodes y la cabeza del profeta fue llevada en una bandeja, los que estaban en la fiesta de Herodes se rieron y se regocijaron mientras el cielo recibía a un profeta en casa. Aunque Herodes y sus amigos se sentaron en un asiento de lujo y recorrieron los pasillos del poder terrenal, Juan atravesó gozoso las puertas de la gloria.

La voz de la profecía se debilitará y se confundirá cuando la iglesia se conforme con la celebridad y el "acceso al palacio". Los profetas se preocupan poco por esas cosas e incluso por la preservación de sus propias vidas. Escuchan a Dios en los diversos desiertos aislados de la vida y declaran la palabra pura a quienes menos deseen escucharla.

La historia de la humanidad es la historia del poder. Es un poder que las naciones se esfuerzan por obtener, pero que pueden perder cuando envían sus ejércitos al campo. El poder es la infección interna que impera en cada noche febril de violencia doméstica. El poder es el deleite lascivo del matón lujurioso con la fría y desesperada sensación de indefensión que se apodera de la víctima asustada. Desde el momento en que Caín agarró una piedra y hundió el cráneo de su hermano, la lujuria mortal por el poder ha latido en las venas de la humanidad caída.

Después de Caín vino Nimrod. Era un poderoso cazador —de hombres, debemos entender—, rey en la tierra de Sinar. Hasta el día de hoy, cada rey, cada descendiente, cada generación creada a imagen de Nimrod desea lo que este quería: poder sobre los demás. Nimrod se posicionó donde ningún hombre debería estar nunca, en el lugar de Dios, por eso creía que las vidas de los demás le pertenecían. Nimrod representa al espíritu de la tiranía.

Cuando el poder corre perpendicular al poder, la inevitable colisión será directamente proporcional a la fuerza, la velocidad, la magnitud y la masa combinadas. Una pelea en el patio trasero por hamburguesas puede terminar en un tiroteo, pero no terminará en destrucción masiva. Cuando una nación se levanta contra otra, la explosión resultante, sobre todo en el siglo veintiuno, puede significar la aniquilación global.

Ahora bien, considere que hay muchas fuerzas involucradas en los asuntos que van más allá de lo natural, fuerzas que son sobrenaturales. El poder en el ámbito natural es un misterio que no se puede explicar por completo en términos terrenales solamente. En todo conflicto humano hay una sensación de que hay algo más involucrado, algo más allá del espacio y del tiempo. Tenemos esa sensación porque es verdad. Cuando la mente enloquecida de algún déspota maníaco trama un genocidio, hay otra mente que orquesta todo. Cada vez que un pandillero pone su mano alrededor de la culata de un arma, hay una mano detrás de su mano. Así es como son las cosas en la historia de la humanidad. El misterio del poder terrenal es su esencia sobrenatural. Detrás de un furioso rey monstruoso y malvado —caracterizado por su propia adoración y narcisismo— hay un espíritu oscuro y convincente. La mente detrás de la mente es también la rabia detrás de la rabia. Y así es todo.

En la llanura de Sinar, en la tierra de Nimrod, un rey se erige una estatua y ordena que sea adorada. En lo profundo de sí mismo sabe que él, realmente, no es dios. No puede hacer milagros. No es eterno. Él sabe eso. La reverencia de las multitudes no se trata realmente de adoración en ningún sentido verdadero, ni el rey quiere —en verdad— que se le ore. Quiere que se le revele, se le someta, que se le entregue. El asunto aquí se trata de poder.

Tres jóvenes, cautivos esclavizados, no se inclinarán ante un ídolo. Aun ante la amenaza de ser incinerados vivos, se niegan a adorar la estatua. El conflicto está en marcha. Ahora es poder contra poder. Sin embargo, este momento no se trata realmente de si se inclinan y adoran. No exactamente. Como el juguetón Toto en *El mago de Oz*, quitemos la cortina para revelar lo que realmente está sucediendo.

La verdadera contienda es el poder detrás del trono del rey contra el trono de poder detrás de los hombres. Es una historia de poder contra poder, reino contra reino. Es un drama en el ámbito sobrenatural que se desarrolla en el ámbito natural. No es solo rey contra esclavos. Es lo que se ve contra lo que no se ve: el conflicto aparente versus la guerra invisible. Esta es la verdad de la historia humana. El reino visible siempre choca con el reino invisible, siempre determinado y moldeado e incluso conquistado por lo que no se ve.

Cuando Moisés enfrentó a Faraón, cuando Elías llamó a Acab y cuando Juan el Bautista denunció a Herodes, hubo fuerzas en acción más grandes que los hombres mismos. Los profetas sabían eso y, con ese conocimiento, se mantuvieron firmes e imbatibles. Aquellos reyes que negaron las

Lea la historia:

Daniel 3

declaraciones proféticas y no reconocieron más poder que el propio estaban condenados.

A veces, aunque no a menudo, puesto que el orgullo real es un obstáculo poderoso, los vectores tangenciales de esas interacciones entre profeta y rey repentinamente, se realinearon en forma dramática y cambiaron el curso de una clara colisión a un plano de acuerdo. Los profetas que se presentaron ante los reyes como confrontadores se convirtieron en consejeros, a veces incluso en consejeros valiosos. De vez en cuando, los dos adversarios se convertían en aliados. Pero eso nunca fue porque el profeta se retractó en alguna ocasión. Una vez que se entregó el mensaje de la confrontación divina, ningún profeta, excepto Balaam, cambió de tono. Por supuesto, el cambio real más notable fue el de David en el asunto de Betsabé. La denuncia pública que hizo el profeta Natán acerca de su rey podría haber llevado fácilmente a la muerte de uno o ambos hombres, si David hubiera reaccionado como lo hizo Herodes con Juan el Bautista. La confesión de David no fue solo el fruto de

una conciencia culpable. Era la sumisión de un rey a un soberano mucho más grande, un alma arrepentida que reconocía la
voluntad superior de su Dios.

Lo que fácilmente podría haberse convertido en una explosión
de ira real y el asesinato de un hombre de Dios desapareció debido a una confesión rendida. La convicción, el quebrantamiento y
el arrepentimiento salvaron el trono de David, y probablemente
también la vida de Natán. Todo se redujo a esto: David, que tenía
todo el poder humano aparente, vio que en realidad no tenía
ninguno. El profeta, sin ninguna posición secular y ciertamente
sin el poder empírico que era de David, tenía las verdaderas rien-
das del poder. David descubrió la contradicción secreta que yace
en el meollo del choque de reyes y profetas. David ganó porque
se rindió al poder superior del Dios vivo.

Sin embargo, es claro que las cosas no siempre terminan así
de bien. Herodes asesinó a Juan el Bautista y lo decapitó por el
capricho de una seductora mujer vengativa. Herodes y Juan son
un caso en contraste. Herodes odiaba y temía a Juan el Bautista. Juan odiaba solo el pecado y no temía a ningún rey en
este mundo. Herodes tenía el poder de Roma detrás de él. Juan
tenía el poder del cielo detrás de él. La casa de Herodes era un
palacio. La de Juan era un desierto. Para el ojo humano, fue
Juan el que perdió la cabeza y Herodes el que mantuvo tanto
a su mujer como su trono. No obstante, en el importantísimo
reino sobrenatural, fue Juan quien ganó una corona de gloria y
Herodes quien perdió su alma. El rey Herodes soportó la ira del
Dios todopoderoso y se ganó el eterno desprecio de la historia.
Juan soportó el odio de un incestuoso rey títere, pero se ganó el
abrazo del Rey de reyes y Señor de señores.

Lo que sigue en estas páginas son historias de profetas y de
reyes a quienes aquellos fueron enviados por Dios. Escritos con
sangre y dolor, estos relatos están registrados en las Escrituras

para nuestro beneficio. Se pueden aprender lecciones de cada interacción de esos antiguos reyes tiranos y los profetas enviados por Dios con quienes se enfrentaron cara a cara. Su lucha no es solo de ellos, ni las verdades más elevadas de su experiencia lo fueron solo durante su tiempo. Son para hoy, como lo han sido antes para todas las edades. Son parte de la guerra en curso entre el aquí y el ahora y el no todavía y para siempre. Es reino contra reino, poder contra poder, lo temporal contra lo eterno, lo visible contra lo invisible. Estos, entonces, son relatos de poder, historias de lo que se puede aprender en la colisión *entre reyes y profetas*.

Quedan dos grandes preguntas. ¿Quiénes son los verdaderos reyes y quiénes son los verdaderos profetas? La principal de estas dos preguntas es la última. Los falsos reyes no son tan peligrosos como los falsos profetas.

En 1869, en una pequeña y empobrecida aldea de Pokrovskoye, Siberia, nació un niño llamado Grigori Rasputin. A la manera de su gente, creció como un campesino ignorante y analfabeto. Aun así, parecía tener un don. Impresionaba a la gente con sus "poderes místicos", el poder de curar, en particular. En base a estos dones, se trasladó a San Petersburgo, donde fue presentado a la familia real. La zarina Alejandra Fiódorovna de Rusia había oído hablar de los milagros de Rasputín y se sintió atraída por el místico porque su hijo padecía hemofilia. Ella creía que tener a ese hombre con poder espiritual en el palacio real podría evitar que su hijo sufriera una hemorragia y que muriera, lo cual —por un tiempo— pareció que podría dar buenos resultados. En varias ocasiones, Rasputín oró por el niño y el sangrado se detuvo. El tosco místico se convirtió así en un elemento permanente en la casa real de Rusia.

Es probable que Rasputín tuviera poderes sobrenaturales, pero no era un hombre moral. Al contrario, era muy conocido por su embriaguez y sus aventuras extramatrimoniales, al punto que algunos afirman que aceptaba sobornos y extorsionaba exigiendo favores sexuales a las personas que querían acceder al zar. El comportamiento del individuo se volvió infame. Toda Rusia sabía de su lascivia, pero Alexandra no quiso despedir al sujeto. Temía demasiado por la vida de su hijo, por lo que se aferraba al místico con desesperación. Al sentir que la marea cambiaba en su contra, Rasputín declaró pública y dramáticamente que Rusia perdería la Primera Guerra Mundial a menos que el propio zar fuera al frente y comandara las tropas. El zar, un hombre fácilmente engañado, obedeció la profecía manipuladora. Eso, por supuesto, sacó al zar del palacio y le dio a Rasputín acceso sin obstáculos a la zarina.

La situación se volvió tan desesperada que finalmente una banda de nobles rusos asesinó a Rasputín el 30 de diciembre de 1916. Grigori Rasputin se convirtió en sinónimo de los falsos profetas y místicos oscuros y siniestros que ejercieron una influencia ilegal sobre reyes, emperadores y generales a lo largo de la historia.

El 26 de mayo de 1785, el general George Washington, que pronto sería elegido presidente de los Estados Unidos, escribió en su diario de ese día: "A mi regreso encontré al señor Magowan junto con el doctor Thomas Coke y el señor Francis Asbury, los dos últimos predicadores metodistas recomendados por el general Roberdeau, el mismo que se esperaba ayer... Después de la cena, el señor Coke y el señor Asbury se fueron".[6] Eso es todo lo que escribió el general sobre esa reunión.

Sin embargo, ese mismo día, el doctor Coke, misionero galés enviado a Estados Unidos por John Wesley para ayudar a Francis Asbury a administrar la floreciente Iglesia Metodista en el

Nuevo Mundo, escribió en su diario que él y Asbury habían pedido al general Washington que firmara una petición de oponerse a la esclavitud y liberar a sus propios esclavos. Los hombres dejaron en claro que creían que el futuro de Estados Unidos estaba en juego. Washington expresó personalmente su oposición a la esclavitud, pero se negó a firmar la petición y a liberar a sus esclavos.[7]

El general Washington dispuso en su testamento que los 123 esclavos que poseía serían liberados cuando su esposa, Martha, muriera. Quería asegurarse de que cuidaran a su amada esposa. Sin embargo, el año en que murió el general, Martha —mujer cristiana devota y compasiva— liberó a los esclavos de la familia.

El encuentro entre Francis Asbury y George Washington ocurrió en 1785. Unos ochenta años más tarde, en 1865, se aprobó la Decimotercera Enmienda, que liberó a los esclavos, pero solo después de que la nación había sido destrozada y más de setecientos mil estadounidenses habían sido asesinados en combate.

La vida y la historia están llenas de "qué pasaría si". ¿Y si el emperador hubiera visto a Rasputín como el malvado fraude que era? ¿Qué diferencia habría hecho eso? ¿Habría sido ejecutada la familia Romanov por los comunistas? ¿Sería Rusia lo que es hoy? No podemos saber eso.

Un "qué pasaría si" mayor y más conmovedor es este: ¿Y si el general Washington hubiera firmado esa petición en 1785? ¿Y si hubiera liberado a sus esclavos y luego convencido a Jefferson de que hiciera lo mismo? En efecto, ¿qué pasaría si él y todos los demás propietarios de esclavos que estaban en la Convención Constitucional hubieran asumido una posición audaz para prohibir la esclavitud desde el comienzo de la república? Quizás setecientos mil estadounidenses no hubieran muerto en la pesadilla de la Guerra Civil. Insisto, nunca lo sabremos.

La Biblia está llena de historias de líderes, reyes y generales cuyas vidas y naciones fueron impactadas por el consejo espiritual o profético que recibieron o rechazaron. En este libro quiero explorar las interacciones entre esos reyes y esos profetas. Estas interacciones tratan de lo natural transformado por lo sobrenatural, y de lo terrenal, cotidiano y casi mundano confrontado por un portavoz ungido de la voluntad de Dios. ¿Qué podemos aprender de esas intersecciones?

Deberíamos empezar preguntando esto: ¿Quiénes fueron los profetas? Eran personas que, en primer lugar, fueron llamadas al oficio de profeta por Dios. Algunos fueron llamados a encuentros verdaderamente sobrenaturales, momentos milagrosos de experiencia divina, como Moisés en la zarza ardiente o Isaías en el famoso salón del trono celestial. En ese relato de su llamado, Isaías describe una visión asombrosamente extravagante de la resplandeciente gloria de Dios.

El año de la muerte del rey Uzías, vi al Señor excelso y sublime, sentado en un trono; las orlas de su manto llenaban el templo. Por encima de él había serafines, cada uno de los cuales tenía seis alas: con dos de ellas se cubrían el rostro, con dos se cubrían los pies, y con dos volaban. Y se decían el uno al otro:

"Santo, santo, santo es el Señor Todopoderoso;
toda la tierra está llena de su gloria".

Al sonido de sus voces, se estremecieron los umbrales de las puertas y el templo se llenó de humo. Entonces grité: "¡Ay de mí, que estoy perdido! Soy un hombre de labios impuros y vivo en medio de un pueblo de labios blasfemos, ¡y no obstante mis ojos han visto al Rey, al Señor Todopoderoso!"

En ese momento voló hacia mí uno de los serafines. Traía en la mano una brasa que, con unas tenazas, había tomado del altar. Con ella me tocó los labios y me dijo: "Mira, esto ha tocado tus labios; tu maldad ha sido borrada, y tu pecado, perdonado".

Entonces oí la voz del Señor que decía:

—¿A quién enviaré? ¿Quién irá por nosotros?

Y respondí:

—Aquí estoy. ¡Envíame a mí![8]

La experiencia de Isaías es simplemente el tipo de transformador encuentro sobrenatural a través del cual algunos de los profetas fueron llamados. Para otros, no hubo un momento dramático, ninguna experiencia sobrenatural singular. Fue más que un evento único. A veces, la experiencia del "llamado" fue una vida entera escuchando la interna voz de Dios.

Uno de los mejores ejemplos de esto es Samuel. En su primer libro, el profeta describe su visita a la casa de Isaí, en Belén. Está allí para ungir al nuevo rey de Israel. Es un momento sumamente importante. La historia pende de un hilo. Se le dice a Isaí que lleve a sus hijos ante el profeta. Samuel está dispuesto a ungir con aceite a cualquiera de los jóvenes para indicar quién se convertiría en el próximo rey de Israel, que sucedería así a Saúl. Sin embargo, Dios le prohíbe ungir a cualquiera de ellos. Con lo que seguramente fue una sensación de frustración, Samuel le hace a Isaí una de las preguntas más graciosas de toda la Biblia: "¿Son estos todos los hijos que tienes?".[9] ¡Como si Isaí no estuviera seguro!

La respuesta de Isaí también es graciosa. Es un ejemplo perfecto de cómo Dios obra a través de lo excepcional y lo inesperado. Isaí dice, en esencia: "Bueno, está bien, hay otro hijo, pero es un niño pequeño un poco extraño". Samuel siente, inmediatamente, algo de Dios. Por lo cual le dice: "Envía por él; no nos sentaremos hasta que él llegue". Finalmente, traen a David. El Señor le habla a Samuel y lo instruye: "Levántate y úngelo; este es el indicado".[10] Samuel unge al chico rápidamente, pero no hay zarza ardiendo. No hay una visión franca del salón del trono celestial. No, David es ungido rey de Israel porque un profeta disciplinado sabe cómo —a pesar de lo que ve— escuchar la voz de Dios, puesto que la ha estado escuchando toda su vida.

Primero, los profetas escuchan a Dios. En segundo lugar, hablan por Dios. A veces llaman a personas, naciones o ciudades al arrepentimiento o los convocan para que se alineen con la voluntad de Dios. A veces se enfrentan a la sociedad misma por menospreciar la ley de Dios. A lo largo de la historia de Israel, a menudo se les pidió a los profetas que enfrentaran al casi siempre pecado presente de la idolatría. Muchos de los profetas, en especial aquellos que escribieron sus mensajes al pueblo de Dios, se sintieron profundamente preocupados por la justicia social, la corrupción de la ley, la explotación de los pobres y el pecado siempre apremiante de la inmoralidad sexual.

También se les dijo a los profetas que se enfrentaran a los grandes líderes porque esos líderes representaban a la nación en su conjunto. Eso fue particularmente cierto en el caso del rey David. Se puede decir que, así como fue con David, fue con la nación. En otras ocasiones, los profetas confrontaron a los líderes por su propio pecado, sobre asuntos de sus vidas individuales. La denuncia de Natán respecto a David por su pecado con Betsabé es un ejemplo. También lo es la denuncia que Juan el Bautista hizo en cuanto a Herodes por la relación incestuosa que mantenía con la esposa de su hermano.

Esa tarea de confrontar y desafiar a los poderosos moldea la imagen que la mayoría de la gente tiene acerca de los profetas. A menudo pensamos en ellos como hombres airados, tenebrosos y temibles; personajes llenos de la ira de Dios que confrontaron ferozmente el pecado y la maldad. Ciertamente existe ese aspecto del ministerio profético en las Escrituras. Sin embargo, a veces el profeta no parece reprender, sino aconsejar o incluso consolar. Esta fue la forma en que Francis Asbury le habló a George Washington acerca de la esclavitud. También es el espíritu con el que muchos profetas bíblicos se dirigieron a reyes y generales. Fueron enviados para brindar asistencia sobrenatural. Fueron enviados para anunciar milagros inminentes y el cuidado de Dios por sus fieles.

Por último, debemos saber que los profetas mismos no eran seres humanos perfectos. La idea de que los profetas eran perfectos ignora la realidad básica de que eran personas. La verdad es que fueron seres humanos que llevaron consigo su humanidad al oficio de profeta. A veces esa humanidad se mostró realmente.

El profeta Jonás era extremadamente culpable de una vil intolerancia. No quería que Dios salvara a los paganos de Nínive. Es más, quería que Dios los matara a todos. Cuando el Señor envió a Jonás a Nínive para llamar a la ciudad al arrepentimiento, el profeta se enfadó y se rebeló. Se nos dice que Jonás estaba furioso con Dios. Hasta admitió que estaba tan furioso que podría morir. El hombre estaba plagado de autocompasión, terquedad y prejuicios.

Elías ciertamente no era perfecto. Aunque fue uno de los más grandes de todos los profetas, luchó contra la depresión, el rechazo y un poco de complejo de persecución. En efecto, Elías, el gran hombre de Dios, también luchó contra un miedo impactante y debilitante. A menudo experimentaba tremendas victorias sobrenaturales y luego, casi con el siguiente aliento, se retiraba aterrorizado por la misma persona a la que acababa de derrotar milagrosamente.

También tenemos el desconcertante ejemplo de Miriam, que figura como uno de los profetas. Se nos informa, en las Escrituras, que ella estaba llena tanto de envidia por su propio hermano como de prejuicios raciales. Por eso se rebeló contra Moisés, en parte porque la esposa de él no era hebrea. Miriam ayudó a liderar un motín no solo contra su propio hermano, sino también contra el vaso ungido por Dios para la liberación de Israel. Miriam era una amotinada. También lo era Aarón, que también es llamado profeta. Aunque fue ungido como sacerdote de Dios, sabemos que hizo un becerro de oro para que la gente lo adorara.

Encontramos tales aberraciones en la vida de los profetas una y otra vez en las Escrituras. Incluso Abram es un ejemplo de ello. Aunque se le llama profeta en la Biblia, muestra un asombroso nivel de cobardía e hipocresía. Aquí está una de las grandes lecciones que se pueden obtener a través de todo esto: el llamado de Dios no borra lo humano del profeta, sino que lo usa. Por lo tanto, el hombre pecador y el hombre ungido operan uno al lado del otro en el mismo cuerpo. Esto me anima inmensamente.

Este libro trata principalmente sobre la manera en que se expresaba el consejo divino a través de profetas imperfectos a líderes aún más imperfectos. Al final, espero que comprenda mucho más sobre el trato de Dios con la humanidad. Más que eso, espero que se sienta animado en cuanto a cómo Dios puede usar incluso a personas como usted y como yo. Sabemos que tenemos defectos. Sabemos que hemos fallado mucho. Sin embargo, también anhelamos aferrarnos a aquello por lo que Cristo Jesús nos ha tomado.

Antes de comenzar, debo decirles cómo elegí sobre qué profetas escribir y un poco sobre la cantidad de profetas en las Escrituras. Como guía, utilicé el trabajo del rabino francés del siglo XI conocido como Rashi. Ese no es su nombre; es un acrónimo que se usa para honrarlo. El rabino Shlomo Yitzaqi fue tan venerado por su escritura clara y perspicaz sobre el Talmud que sus seguidores usaron ciertas letras de su nombre. Así es como lo conoce la historia.[11]

Rashi formuló una lista de las personas a las que los judíos consideran profetas de Israel.[12] Voy a trabajar con la lista de Rashi, pero también incluiré dos figuras importantes del Nuevo Testamento. En conformidad a ese entendimiento judío, hay cuarenta y seis profetas varones y siete profetas mujeres. No enumeraré los cuarenta y seis, pero las siete mujeres son Sara (Sarai), Miriam, Débora, Ana, Abigail, Hulda y Ester (Hadassah). Esta lista de mujeres profetas revela mucho sobre la disposición de Dios a usar a las mujeres en su obra. Eso, sin embargo, es para otro libro más.

En hebreo, la palabra profeta es simplemente *nebi*. Cuando la palabra es plural, como "los profetas", es *nebim*. Traducido literalmente, la palabra significa *"portavoz"*. He pasado mucho tiempo en África Occidental, donde pude comprender el significado de la palabra *portavoz*. Debido a que un jefe tradicionalmente consideraba que no le correspondía hablar de manera directa con la gente, tenía un portavoz que lo hacía por él. Ese portavoz llevaba un bastón alto rematado con una decoración ornamentada, en forma de león. Todos los que veían al portador del bastón sabían que hablaba en nombre de un jefe.

He visto eso muchas veces. Es fascinante ver el proceso. Alguien se acerca para hacer una petición. El portavoz del jefe escucha. Entonces el portavoz se acerca al trono. Él y el jefe susurran de un lado a otro durante bastante tiempo. Luego, el portavoz vuelve a su posición ante el peticionario, golpea su bastón en el suelo y emite en voz alta el veredicto del jefe.

Esa es una imagen clara del papel de un profeta, particularmente en el entendimiento hebreo. El profeta entra en la presencia de Dios, escucha la voluntad de Dios y luego la proclama al pueblo. Al igual que con los jefes de África Occidental, no hay confusión entre el portavoz y el jefe. Si un portavoz afirmaba ser el jefe, lo matarían. El jefe habla. Habla a través de su portavoz. El portavoz conoce su papel limitado y definido. Así era en África Occidental. Así fue en las Escrituras.

Es obvio que no he incluido a todos los profetas en la lista de Rashi. He hecho una selección y deseo que sepa por qué. Quiero abordar la intersección, el choque, entre esos profetas y sus reyes contemporáneos. A veces hay una confrontación cara a cara. A veces hay una interacción más suave que involucra advertencias y consejos sabios. Sin embargo, siempre hay una intersección de lo humano con lo divino. Esas interacciones tuvieron fricciones inevitables. Los profetas se refieren al reino celestial. Los reyes se refieren a su reino terrenal, el reino natural. Los profetas se refieren al trono de Dios. Los reyes tienen que ver con tronos terrenales y con poder. Ese es el drama. Aquí hay contención. Sin embargo, también hay sabiduría y comprensión para nuestro propio tiempo y nuestras propias vidas.

CAPÍTULO 2

Abraham, ¿el primer profeta?

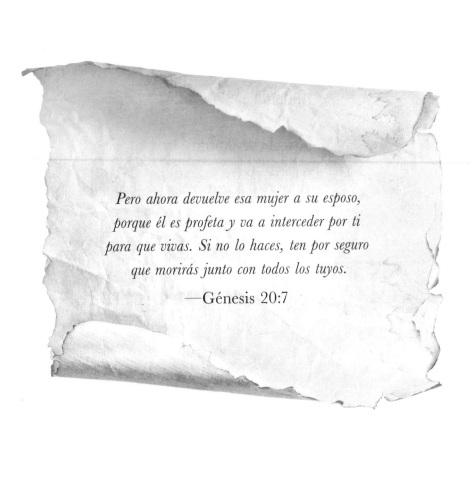

Pero ahora devuelve esa mujer a su esposo,
porque él es profeta y va a interceder por ti
para que vivas. Si no lo haces, ten por seguro
que morirás junto con todos los tuyos.

—Génesis 20:7

BRAHAM PUEDE PARECER una elección extraña para el tema de apertura de un libro sobre reyes y profetas, ya que muchos dirían que no era ni una cosa ni otra. Es probable que la mayoría de los cristianos contemporáneos nunca hayan pensado en Abraham como profeta, sin embargo, la Biblia dice de manera clara que lo era. En Génesis, Dios le habló al rey Abimélec, el infeliz hombre que había tomado a la esposa de Abraham como suya. Dios consoló a Abimélec en un sueño porque se había equivocado y había hecho eso "de buena fe", pero le dijo: "ahora devuelve esa mujer a su esposo, porque él es profeta y va a interceder por ti para que vivas".[1]

Y si el propio Dios llamó profeta a Abraham, ¿quiénes somos nosotros para argumentar al respecto?

Sin embargo, dado todo lo que he dicho sobre el valor de observar la interacción de los profetas y los reyes, la siguiente pregunta tiene que ser si vemos al profeta Abraham interactuando con los reyes. Insisto, la respuesta más probable es un rotundo sí. En realidad, Abraham interactúa con una docena de reyes, nueve de ellos en una sola batalla. Eso sucede cuando Quedorlaómer, rey elamita, y sus tres aliados atacan al rey de Sodoma junto con el rey de Gomorra y tres de sus aliados.[2] Son nueve reyes en una batalla. Abraham también tiene tratos con Faraón en referencia a su esposa, que era su media hermana, y tiene ese otro momento embarazoso con respecto a Abimélec y su esposa. Finalmente, tiene tratos con el misterioso rey Melquisedec. Esto hace que llegue a doce reyes en total. Claramente, tenemos plena autorización bíblica para decir que Abraham es profeta y que trató repetidas veces con reyes y monarcas. En esa parte de la vida de Abraham, todavía se llamaba Abram, así que me referiré a él como tal. Mucho después, Dios cambió su nombre por el de Abraham.

El problema de Abram con los reyes comenzó con su conflictivo sobrino Lot. Tal vez recuerde que Dios había bendecido tanto a Abram y a Lot que mientras se dirigían desde Ur de

Lea la historia:

Génesis 13.

los caldeos a la tierra prometida, sus rebaños aumentaron tanto que se les dificultaba el movimiento juntos y más aun compartir los mismos pastos. Había tensión entre los pastores de uno y otro. Por eso, Abram se dirigió a Lot y le dijo, en esencia: "Mira, vamos a dividir las cosas. Todavía somos parientes, y lo vamos a ser siempre, pero no sirve de nada que tengamos conflictos. Así que elige cualquier lugar al que quieras ir. Si vas al sur, yo iré al norte. Si vas al norte, yo iré al sur".

La Biblia nos dice que Lot levantó los ojos y miró hacia Zoar. Vio que la llanura estaba bien irrigada por todas partes y que había grandes ciudades. Entonces, Lot fue en esa dirección. En ese punto de la historia, leemos un versículo revelador: [Lot... estableció] su campamento cerca de la ciudad de Sodoma".[3] En

Lea la historia:

Génesis 18—19.

otras palabras, unió su sentido de identidad y prosperidad a la ciudad predominante de Sodoma. Por supuesto, sabemos que con el tiempo ese movimiento lo enredó y finalmente lo destruyó.

Es más, la maldad de Sodoma y Gomorra fue tan horrible que Dios envió ángeles para que destruyeran las dos ciudades. Antes de hacerlo, sin embargo, los ángeles visitaron a Abram y le contaron lo que estaban a punto de hacer. Eso dio inicio a una de las principales y más grandes negociaciones de la historia. Abram intenta hacer un trato. Por eso le dice al Señor: "Está bien, si hay cincuenta personas justas, no vas a destruir la ciudad, ¿verdad?". A lo que el Señor responde: "No, por cincuenta no lo haré". Entonces Abram vuelve a decirle: "Está bien, pero ¿qué pasa si hay cuarenta y cinco?"… y así continúan hasta que, al fin, Abram y el Señor acuerdan que, si hay diez hombres justos, el Señor no destruirá las dos ciudades.

Lo que sigue es difícil de ver. Los ángeles llegan a la ciudad de Lot. Hay una escena macabra en la que una multitud enloquecida por sexo quiere tener relaciones íntimas con los sagrados seres angelicales. Lot se siente tan mal que se ve en la necesidad de ofrecerles a sus hijas vírgenes para apaciguarlos.

Los ángeles han visto suficiente. Así que vapulean a la multitud con ceguera y le dicen a Lot que reúna a su familia y se vaya, puesto que van a destruir esa sociedad malvada. Lot les advierte a sus yernos, pero ellos no lo toman en serio. Luego, Lot intenta escapar con su esposa e hijas, pero su esposa desobedece la orden de los ángeles de no mirar atrás y se convierte en una estatua de sal.

Esto es importante. Jesús lo dijo de una manera diferente en el Nuevo Testamento: "Nadie que pone la mano en el arado y mira hacia atrás es apto para servir en el reino de Dios".[4] En otras palabras, la esposa de Lot mira hacia atrás con amor por todo lo que estaba perdiendo en Sodoma. Ella no está pensando en la maldad, no está pensando en el juicio de Dios. Está pensando en las mujeres de su club de naipes. Está pensando en sus amigas del club campestre. Ella era feliz, rica y de buen comportamiento. Lot se había convertido en juez en Sodoma, se nos dice. Por eso, cuando se ve obligada a irse, mira hacia atrás con nostalgia a las formas pecaminosas que se le ha ordenado abandonar. Y muere.

Cada uno de esos momentos y lo que sigue está lleno de significado. Los ángeles intentan enviar a Lot a las montañas. Él suplica y les pide que lo envíen a un pequeño pueblo llamado Zoar. Tiene demasiado miedo. Está demasiado débil. Al fin, los ángeles ceden y envían a Lot a Zoar. Se supone que sabemos que Zoar significa *"pequeño"* en hebreo.[5] Eso indica cuánto había caído Lot. Sin embargo, incluso Zoar no fue suficiente. Lot permitió que el miedo lo llevara a una cueva en las afueras de Zoar. Es allí donde se emborracha, deja embarazadas a sus dos hijas y termina engendrando las dos tribus que acosarán a sus descendientes en las generaciones venideras, los amonitas y los moabitas.

Todo comenzó con una elección relativa al rumbo que debía tomar. Lot levantó sus tiendas hacia Sodoma y la dirección que eligió selló su destino.

Cuando estaba en la universidad, conseguí un trabajo como consejero principal de un campamento diurno. Realizamos el campamento todos los días de la semana, pero el viernes acampábamos durante la noche. Hicimos eso en varios cientos de hectáreas en las que éramos libres de elegir nuestro propio lugar cada vez. Un viernes por la noche empezamos tarde. Terminamos montando nuestras carpas en la penumbra y, francamente, no estábamos muy seguros de dónde estábamos.

Como tenía veintiún años y lideraba a un grupo de chicos de quinto grado, naturalmente sentí la necesidad de contarles una historia de fantasmas mientras comíamos malvaviscos alrededor de la fogata. Hice bien mi trabajo y asusté muchísimo a esos chicos. Los tenía bastante preparados. A medianoche escuchamos un sonido muy horrible y espeluznante. Parecía como si los espíritus de la muerte hubieran caído sobre nosotros. Me senté muy erguido en mi saco de dormir y, en cuestión de segundos, los chicos se lanzaron a mi tienda como si estuvieran sumergiéndose en una trinchera bajo un aluvión. Estaban llorando y gritando, por lo que me di cuenta de que la única forma de calmarlos era salir valientemente de la tienda y rendirnos de inmediato a cualquier criatura horrible que estuviera aullando.

Así que agarré mi linterna y salí. Cuando hice eso, vi que habíamos instalado nuestras tiendas junto a una valla y, justo al otro lado, había una enorme mula con sus largas orejas. No me refiero a un burro tierno como el que ves en las propagandas de televisión. Estoy hablando de una vieja mula del ejército. Estaba rebuznando desenfrenadamente, como si estuviera anunciando el fin del mundo o, tal vez, causándolo.

Aquí está la lección. Tenga cuidado donde monta su tienda porque puede haber un imbécil al otro lado de la cerca.

Sin embargo, quiero centrarme en un episodio que ocurrió mientras Lot todavía está en Sodoma, antes de la gran destrucción. Sodoma y Gomorra, junto con otras tres ciudades pequeñas, han estado pagando tributo al rey elamita por doce años. Eso significa que cinco reyes —en realidad, eran alcaldes glorificados, jefes tribales o señores de la guerra que tenían pequeños ejércitos privados para protegerse— debían pagar tributo al gran rey elamita. (Por cierto, Elam se encuentra en la parte sur del Irán actual, la Persia *preiraní*, en el Golfo Pérsico frente a la Península Arábiga). Después de una docena de años, los cinco reyes deciden que al fin son lo suficientemente fuertes como para negarse a seguir pagando tributos al rey de Elam por más tiempo.

Lea la historia:

Génesis 14.

Lo predecible sucede. El rey elamita, junto con tres de sus aliados, marcha contra los cinco reyes, incluidos los reyes de Sodoma y Gomorra, gobernantes de las regiones donde vive Lot. Los elamitas queman las ciudades, saquean todo lo que pueden, confiscan todos los tesoros de las ciudades y se llevan muchos cautivos. Lot y su familia están entre ellos.

Mientras los elamitas marchan con sus cautivos de regreso a Persia, un hombre que escapó de la devastación se dirige a Abram para contarle lo que sucedió. El tipo insta a Abram —que no necesita ser persuadido— a ir en rescate de Lot. De inmediato, Abram despierta a su ejército privado de 318 soldados y los dirige mientras cabalgan durante la noche para interceptar a las fuerzas elamitas.

Cuando llega al campamento elamita, presumiblemente Abram encuentra al ejército extranjero celebrando su victoria. Es probable que los soldados estuvieran borrachos, por lo que hay una gran juerga, mucha jactancia y disfrute del botín de guerra, como suelen hacer los ejércitos victoriosos. En cualquier caso, el pequeño ejército de Abram atacó esa noche, matando a muchos y persiguiendo al resto hasta Siria, rescatando en el proceso a Lot, su familia y otras personas.

El rey de Sodoma, de alguna manera, escapó de ser llevado cautivo por los elamitas. De modo que cuando Abram regresó de su victoria, ese rey salió a recibirlo. Entonces le dijo a Abram: "Puedes llevarte todo el botín, llevarte todo lo que robaron los elamitas, dame la gente y regresaremos a Sodoma". La respuesta de Abram es reveladora. Vamos a leerla en su totalidad:

Pero Abram le contestó:

—He jurado por el Señor, el Dios altísimo, creador del cielo y de la tierra, que no tomaré nada de lo que es tuyo, ni siquiera un hilo ni la correa de una sandalia. Así nunca podrás decir: "Yo hice rico a Abram". No quiero nada para mí, salvo lo que mis hombres ya han comido. En cuanto a los hombres que me acompañaron, es decir, Aner, Escol y Mamré, que tomen ellos su parte.[6]

Hay una lección importante en todo esto. La vemos en la postura de Abram con el rey de Sodoma. Abram nos enseña con el ejemplo que hay algunos reyes de los que simplemente debemos mantenernos alejados. El compromiso de Lot, su adaptación, su participación en las malas acciones, sus ganancias en Sodoma, les valieron a él y a su familia la destrucción completa. Eso comenzó con la elección en cuanto al rumbo que tomó. Lot plantó su tienda en dirección a Sodoma porque era como Egipto, pero Egipto es un lugar de cautiverio. Abram dijo: "Estoy levantando mi tienda hacia Dios y su tierra prometida". Abram dice que hay algunos reyes que usted, simplemente, debe evitar y algunas direcciones que no debe tomar cuando persigue los propósitos de Dios.

No solemos pensar en los profetas como guerreros, pero no es del todo inusual que tengan que ver con la guerra en todo el Antiguo Testamento. Recuerde que en el caso de Saúl —que no mató a Agag, rey de los amalecitas, como debía haberlo hecho—, el profeta Samuel encontró al hombre y lo mató con sus propias manos. La Biblia Reina Valera registra el momento de esta manera: "Samuel cortó en pedazos a Agag delante de Jehová en Gilgal".[7] Recuerde también que cuando Elías se enfrentó a los profetas de Baal, pidió la muerte de los 450 falsos profetas de Baal y 400 profetas de Asera.[8] Eso significó la muerte de 850 hombres en una tarde. Todo esto nos ayuda a comprender que al menos algunos de los profetas de la Biblia se entienden mejor como "profetas guerreros". Así es como deberíamos ver a Abram en esta historia.

Lo cierto es que este gran profeta guerrero nos enseña, primero, que hay algunos reyes que debemos evitar por completo. Pero hay otros reyes, fortalezas y poderes con los que hay que luchar. Hay que pasar a la ofensiva. Esta es una imagen perfecta de nuestro armamento ofensivo contra los ejércitos de la oscuridad. No tenemos que escondernos de —ni acobardarnos por— las fuerzas de la oscuridad que vienen contra nosotros para tratar de corromper o robar lo que es nuestro. Podemos luchar; debemos luchar. Las armas de nuestra guerra son poderosas. El apóstol Pablo se refiere al armamento ofensivo en su descripción de las armas de nuestra guerra.[9] Esto nos dice que hay momentos en los que tenemos que atacar, en los que tenemos que enfrentarnos a Satanás y luchar contra él.

Hay dos lecciones iguales aunque opuestas en esta historia. Abram encarna ambos casos. Algunos reyes simplemente deben evitarse. Manténgase alejado de Sodoma. Es así de simple. A otros, debe atacarlos. Usted debe pasar a la ofensiva. Abram también presenta una imagen clara de la manera en que debemos cuidar a las personas perdidas y esclavizadas. Nuestra capacidad para realizar la guerra espiritual y funcionar en ella surge de nuestra absoluta confianza en la victoria de Dios. Si vivimos con el mismo temor a Satanás y con el mismo temor a Dios, nunca seremos capaces de entrar en una guerra espiritual. Debemos ir tras los cautivos de las fuerzas del mal, confiando en nuestra fe.

Hay una historia acerca de Martín Lutero, el padre del movimiento protestante. Parece que una noche fue despertado de su sueño por un ruido que escuchó. Se alzó en su lecho, encendió una vela, miró alrededor de la habitación y vio a Satanás de pie, entre el lugar donde yacía en su cama y la única vía de escape. Se supone que Lutero dijo: "Ah, eres tú. Temí que fuera un ladrón". Entonces apagó la vela y se volvió a dormir.

Esa es la postura del profeta contra los reyes del mal que vienen a atacar, robar, secuestrar y destruir. No tenemos que acobardarnos en la oscuridad. Atacamos antes. Atacamos toda la noche si es necesario. Atrapamos a los elamitas dormidos. Los destruimos. No tenemos miedo. No tenemos que sentarnos pasivamente y dejar que Satanás secuestre a nuestros seres queridos. Hay algunos reyes de los que simplemente uno tiene que alejarse. Hay otros con los que simplemente tiene que luchar.

Cuando Abram regresa de su impresionante victoria, el rey de Sodoma está allí para recibirlo, listo para hacerle una generosa propuesta, lo que luego hizo. Sin embargo, antes de que pudiera decir una palabra, un misterioso rey llamado Melquisedec se acerca. Su aparición solo ocurre en un pasaje de las Escrituras verdaderamente intrigante. Melquisedec, en realidad, interrumpe la interacción de Abram con el rey de Sodoma.

En medio de la interacción de Abram con el rey de Sodoma, Melquisedec, a quien se llama rey de Salén, lleva a Abram a un costado. Veamos este episodio en su totalidad tal como aparece en las Escrituras.

> Y Melquisedec, rey de Salén y sacerdote del Dios altísimo, le ofreció pan y vino. Luego bendijo a Abram con estas palabras: "¡Que el Dios altísimo, creador del cielo y de la tierra, bendiga a Abram! ¡Bendito sea el Dios altísimo, que entregó en tus manos a tus enemigos!". Entonces Abram le dio el diezmo de todo.[10]

Melquisedec le sirve pan y vino a Abram. ¿Le luce familiar? Esto es significativo, particularmente, ya que a Melquisedec se le llama tanto sacerdote como rey. Así que Abram diezma a Melquisedec. Los cristianos no tenemos ningún problema con la idea de que Abram diezme a un hombre que es un "sacerdote del Dios altísimo". Pero en los escritos rabínicos a lo largo de los siglos, existe una gran controversia y debate sobre quién diezma a quién en esa historia. Verá, en hebreo, los pronombres usados aquí son intercambiables. Dice simplemente: "Él le dio el diezmo". Eso es todo lo que los eruditos hebreos tienen que seguir. Nosotros los cristianos, por supuesto, tenemos la referencia a esta historia en el Libro de Hebreos del Nuevo Testamento, que nos dice específicamente que "Abram le dio la décima parte de todo".[11] Sin embargo, al no tener el Libro de Hebreos, los rabinos han luchado durante cientos y cientos de años sobre quién da el diezmo a quién. Francamente, tiene más sentido que Abram diezmara a Melquisedec. ¿Por qué tendría Melquisedec que darle el diezmo a Abram, un hombre que acababa de conocer y que no tenía ningún papel sacerdotal? Por tanto, tomemos la historia como es. A Abram se le sirve pan y vino: ¡Santa Cena! Luego le da el diezmo a ese misterioso sacerdote llamado Melquisedec. Por supuesto, esa interacción es una prefiguración del papel de sumo sacerdote de Jesús, como sabemos por Hebreos 7, pero eso está mucho más allá de nuestro propósito aquí.

Lo que es más pertinente al punto de este libro es lo que sucede cuando Abram se dirige al rey de Sodoma, que está preparado para hacerle una oferta: "Te quedas con todo el botín que ganaste al derrotar a los reyes extranjeros. Solo dame a la gente".

Abram se niega. Se vuelve hacia el rey de Sodoma y le dice: "Te lo llevas todo. No quiero nada". Es interesante que use un paralelismo único en hebreo: todo y nada. Era una expresión idiomática popular en aquella época que cubría toda una dimensión. En otras palabras: "No quiero nada, nada de todo lo que haya ahí".

Debemos recordar por qué Abram dijo eso. Había hecho un voto, con la mano alzada, ante "el Señor, Dios altísimo, creador del cielo y de la tierra". No aceptaría nada que perteneciera al rey de Sodoma, ni siquiera un hilo ni un cordón de zapatos. Nadie, ciertamente ni el rey de Sodoma —ese famoso lugar inmoral— jamás podría decir que habían hecho rico a Abram. Tal era la devoción de Abram; tal era su carácter.

Algunos reyes, simplemente, debe evitarlos. Podemos imaginar que el rey de Sodoma probablemente había atraído a Lot a su círculo íntimo, a sus garras. Había hecho tratos con el sobrino de Abram y lo había enredado en la cultura de Sodoma. Por eso, probablemente, pensó que podría hacer lo mismo con Abram. Pero no pudo y eso puede ser parte de la razón por la que la historia de Melquisedec aparece donde lo hace. Antes de que el rey de Sodoma pueda hacer una oferta que probablemente tenga condiciones, Melquisedec interviene. Sirve a Abram lo que los cristianos entendemos que es la Santa Cena. Abram le da el diezmo, lo que indica que Abram estaba honrando a Dios con su riqueza, reconociendo a Dios como el proveedor de todo lo que él tenía.

No es de extrañar, entonces, que inmediatamente después de eso, Abram se vuelva hacia el rey de Sodoma y le diga: "No quiero nada de lo que tienes". Claramente, Abram conocía el carácter del hombre y conocía el vil lugar que gobernaba. Él no quería tener nada que ver con nada de eso, particularmente después de haber sido recientemente santificado por el ministerio de Melquisedec y haciendo una ofrenda a través de un sacerdote de Dios. En un reciente estado sagrado, Abram no quería tener nada que ver con la maldad.

Note también que Abram no mantiene a las otras personas que pelearon con él a su nivel de ética. Había traído a sus propios soldados a la batalla reciente, 318 en total, así como a otros clanes locales. Sin embargo, no quiso tomar nada del botín, por lo que Abram dice: "Dales lo que quieran". En otras palabras, no esperaba que vivieran de acuerdo a sus decisiones éticas. Simplemente dio a conocer sus decisiones, seguro de que era lo correcto para él. Era como si estuviera diciendo: "Aquí es donde estoy". Hay poder en esto, y también hay poder para evitar el legalismo de insistir en que otros estén a la altura de sus compromisos éticos.

La lección fundamental de todo esto, sin embargo, es una verdad sencilla: solo hay un Rey digno de adoración. Entendemos esto al saber quién es Melquisedec. Se le menciona en la Biblia solo en tres lugares: Génesis, Salmos y Hebreos. Entonces, ¿por qué vale la pena reflexionar sobre su historia? Porque nuestro Señor Jesucristo es llamado Sumo Sacerdote según el orden de Melquisedec. Eso lo cambia todo, ¡y siempre es emocionante recordarlo!

Ahora bien, hay una distinción interesante entre el razonamiento cristiano occidental, en particular el estadounidense, por un lado, y el razonamiento judío tradicional, por el otro. Para los estadounidenses en especial, lo realmente importante es lo que uno sabe. ¿Cuáles son los hechos? ¿Qué información se le da? El conocimiento es el rey para nosotros en Occidente y se enfatiza en casi todos los esfuerzos de la vida, especialmente en la interpretación de las Escrituras. Sin embargo, en el pensamiento judío, a menudo se hace hincapié en lo que no se sabe. En otras palabras, la mayor verdad se revela en la información que uno no tiene.

Esto es verdaderamente relevante cuando llegamos a Melquisedec. Tenga en cuenta que no sabemos nada sobre su nacimiento, su familia ni su educación. Es algo enloquecedor, en particular para la forma de pensar judía. Las escrituras hebreas se enfocan constantemente en la genealogía, los orígenes y las líneas familiares. Quién es su gente y de dónde viene usted es vital para saber quién es en la mentalidad hebrea. Sin embargo, casi ninguna de esas preguntas usualmente importantes se responde cuando se trata de Melquisedec. Él, simplemente, aparece.

Sin embargo, el Libro de Hebreos del Nuevo Testamento, que fue escrito para los judíos, se basa en esa falta de información sobre Melquisedec. El escritor reconoce que no sabemos nada sobre los antecedentes de ese hombre, que parece no tener comienzo y cuya muerte no está registrada, por lo que, en esencia, no tiene fin. En vez de tratar de resolver estos misterios, el Libro de Hebreos simplemente hace una comparación: Jesús es nuestro Sumo Sacerdote según el orden de Melquisedec.

Echemos un vistazo de cerca a lo que el autor del Libro de Hebreos tiene que decir. Habiendo simplemente declarado en la última oración de Hebreos 6 que Jesús es Sumo Sacerdote en el orden de Melquisedec, el escritor comienza Hebreos 7 profundizando en el significado de ese personaje.

Este Melquisedec, rey de Salén y sacerdote del Dios Altísimo, salió al encuentro de Abraham, que regresaba de derrotar a los reyes, y lo bendijo. Abraham, a su vez, le dio la décima parte de todo. El nombre Melquisedec significa, en primer lugar, "rey de justicia" y, además, "rey de Salén", esto es, "rey de paz". No tiene padre ni madre ni genealogía; no tiene comienzo ni fin, pero a semejanza del Hijo de Dios, permanece como sacerdote para siempre.[12]

El escritor de Hebreos continúa así en otra docena de versículos, explorando lo que se puede saber de Melquisedec y lo grande que era. Al final, hace la aplicación más importante a Jesús.

> Y lo que hemos dicho resulta aún más evidente si, a semejanza de Melquisedec, surge otro sacerdote que ha llegado a serlo no conforme a un requisito legal respecto a linaje humano, sino conforme al poder de una vida indestructible. Pues de él se da testimonio: "Tú eres sacerdote para siempre, según el orden de Melquisedec".[13]

Una escuela de pensamiento afirma que Melquisedec era en realidad Jesús en una aparición personal en el Antiguo Testamento. Otros ven a Melquisedec como una prefiguración de Cristo, no a Cristo mismo, sino una revelación de Cristo en el Antiguo Testamento. Bajo esta perspectiva, Melquisedec es un arquetipo de Jesús en el Antiguo Testamento. La Biblia, en realidad, no dice que Jesús sea Melquisedec. Dice que Jesús es nuestro Sumo Sacerdote en el orden de Melquisedec, según el tipo de Melquisedec.

Sin embargo, no nos estanquemos en el debate que rodea a Jesús y Melquisedec. Aprendamos la lección que Dios quiere que sepamos de esta historia. Imagínese el momento. Abram regresa de la batalla. Cansado, igual que sus hombres. Han cabalgado y peleado toda la noche. Están cubiertos de sangre y el choque de la batalla aún resuena en sus oídos. En ese momento vulnerable, el rey de Sodoma se acerca a Abram y le dice: "Toma todo el dinero que quieras". Los destinos están en juego en este momento. Los convenios se están probando. El personaje está siendo expuesto. Entonces Dios interviene. Justo en medio de la interacción entre Abram y el rey de Sodoma, Melquisedec parece intervenir. "Espera un minuto. Escúchame antes de que actúes. Siéntate aquí por un momento. Comunícate conmigo. Agarra un poco de pan, un poco de vino. Reflexiona por un momento con la representación de Dios cerca, el espacio que te rodea lleno del Espíritu de Dios". Al levantarse de ese hermoso momento, Abram se vuelve hacia el rey de Sodoma y le dice: "No quiero nada de lo que tienes".

Hay un cambio, una sensación diferente a la de antes. Un espíritu diferente lo invade. Todo porque Melquisedec, el rey de la paz, ha intervenido. A pesar de la aparición de Melquisedec, Abram se comporta en forma heroica aquí. Adopta una posición noble y lo hace en un momento que podría haber significado un desastre para él. Abram no siempre fue incondicional, un excelente ejemplo de virtud. Recordemos un poco del pasado para que este momento antes de Melquisedec tenga un significado aún mayor.

Recuerde que Abram entregó dos veces a su esposa a otros hombres por temor a sí mismo. Esto puede resultarnos difícil de imaginar, pero es cierto. Lo hizo una vez en Egipto cuando le dijo al faraón que Sarai, que se convirtió en Sara, era su hermana. Eso era cierto a medias porque Abram y Sarai eran medio hermanos. Entonces, temiendo lo que podría sucederle, le dijo a Sarai que les dijera a todos que ella era su hermana. El faraón, enamorado de la deslumbrante Sarai, le da a Abram una gran cantidad de dinero y lleva a la esposa de Abram a su harén.

Por dicha, el faraón no se acuesta con Sarai. Esto es coherente con lo que sabemos sobre los harenes. No era inusual que una mujer entrara en un harén durante mucho tiempo de preparación y entrenamiento antes de comparecer ante el rey o gobernante. No era costumbre que una mujer entrara en un harén y fuera directamente a la cama del

Lea la historia:

Génesis 12:10-20; 20:1-18.

faraón. Siempre hubo una temporada de entrenamiento y embellecimiento. Vemos esto, por ejemplo, en la historia de Ester.

A pesar de eso, el faraón nota que algunas enfermedades aparecen en su reino. Él no es estúpido. Se da cuenta de que eso debe ser un juicio relacionado de alguna manera con esa nueva mujer. Por eso, le dice a Abram: "Me dijiste que era tu hermana. Soy inocente. Tú eres el culpable. ¿Por qué hiciste esto?". Temiendo más juicio, el faraón le da a Abram una gran riqueza y lo envía a él y a Sarai a su camino. Francamente, ¡los egipcios están ansiosos porque esos recién llegados se vayan!

Ahora bien, a todos nos gustaría creer que Abram montó en su camello pensando: "Hombre, eso fue estúpido y cobarde. ¿En qué demonios estaba pensando yo? Nunca volveré a hacer eso. Pequé una vez. He aprendido mi lección. Nunca volveré a pecar de esa manera". Pero lo hizo. Exactamente igual.

Cuán parecido a nosotros era Abram. Después de engañar al faraón, se dirige por el camino y entra en la región de los filisteos. Allí se encuentra con un gran rey llamado Abimélec. Una vez más, movido por el miedo, Abram le dice a Sarai que les diga a todos que ella es su hermana. Una vez más, el gran patriarca entrega a su esposa por temor a su propio bienestar. Naturalmente, Abimélec toma a la bella Sarai como suya. Note que él simplemente se la llevó. No paga el precio de la novia ni negocia con Abram. Sencillamente, se lleva a Sarai.

Y Dios interviene. Habla con Abimélec en sueños y le dice: "Puedes darte por muerto a causa de la mujer que has tomado, porque ella es casada".[14] Abimélec, por supuesto, protesta. Por lo que dice: "[soy inocente] … me dijo que ella era su hermana". Y Dios dice: "Sí, ya sé que has hecho todo esto de buena fe … Pero ahora devuelve esa mujer a su esposo, porque él es profeta".

Vemos algo del personaje inicial de Abram en estas historias, ¿no le parece? Podría ser un cobarde. Podría haber dejado que el miedo lo dominara. Es inquietante ver nuestros pecados repetidos por nuestros hijos; el hijo de Abram, Isaac, hizo justo lo mismo con exactamente la misma motivación. Cuando Isaac y Rebeca se van a vivir entre los filisteos durante una hambruna, también tienen que lidiar con Abimélec. Y, en efecto, Isaac le dice al rey filisteo que Rebeca es su hermana porque tiene miedo de que los hombres de Abimélec lo maten, por lo hermosa que es su esposa.[15] Las mismas acciones en una situación idéntica debido a la misma debilidad no resuelta. Qué horrible es, qué desalentador ver nuestros pecados en nuestros hijos.

No quiero terminar este capítulo con una reflexión negativa sobre Abram, al contrario, deseo compartir una imagen poderosa de la vida de este gran hombre que prefiguraba mucho de lo que vendría en la historia después de que partiera.

Primero, sabemos que fue un gran patriarca. Fue el principal hebreo. Fue el padre del judaísmo. Ha sido venerado a lo largo de la historia por todos esos roles. El judaísmo lo reclama. El cristianismo lo reclama. El islam lo reclama. Es más padre de la humanidad que cualquier hombre que haya vivido.

Sin embargo, hay un episodio en su vida que no solo confirma que es un profeta, más allá del único versículo que ya hemos visto, hay algo que indica cuán central fue Abram para el plan de Dios para el mundo.

Aquí tenemos un resumen de lo que nos dicen las Escrituras: Dios le ha hablado a Abram y le ha dicho que no debe tener miedo, que él es su escudo y su gran recompensa. Sin embargo, Abram no se consuela. Le preocupa no tener heredero y que un extranjero que trabaja para él sea su beneficiario a menos que Dios actúe. Entonces Dios le promete nuevamente que sus herederos serán tan numerosos como las estrellas y que se le ha dado la tierra prometida. Entonces Dios le ordena que haga un sacrificio.

Abram hace lo que se le dice. Parte a los animales por la mitad y coloca las piezas. Luego espera.

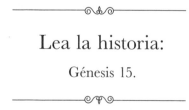

Lea la historia:

Génesis 15.

Ahuyenta a las aves rapaces que vienen a consumir el sacrificio. Espera un poco más. Y Dios comienza a hablar. Sorprendentemente, comienza a hablar de lo que vendrá en los siglos venideros. Esto es lo que dice:

El Señor le dijo:

—Debes saber que tus descendientes vivirán como extranjeros en tierra extraña, donde serán esclavizados y maltratados durante cuatrocientos años. Pero yo castigaré a la nación que los esclavizará, y luego tus descendientes saldrán en libertad y con grandes riquezas. Tú, en cambio, te reunirás en paz con tus antepasados, y te enterrarán cuando ya seas muy anciano. Cuatro generaciones después tus descendientes volverán a este lugar, porque antes de eso no habrá llegado al colmo la iniquidad de los amorreos.[16]

A continuación, siguen dos acontecimientos asombrosos. Dios reafirma su promesa de darles la tierra a los descendientes de Abram, e incluso describe sus dimensiones. Entonces sucede lo siguiente: "Cuando el sol se puso y cayó la noche, aparecieron una hornilla humeante y una antorcha encendida, las cuales pasaban entre los animales descuartizados".[17]

Para entender esto, necesitamos saber un poco sobre una antigua práctica hebrea. Si dos personas iban a hacer un pacto entre sí, se hacía un sacrificio. Se ofrecían animales y se dejaban abiertos en el suelo. Una vez hecho eso, seguía un ritual significativo.

Las dos personas que hacían el pacto se agarraban de los brazos y caminaban entre los sacrificios. Imagínese esto como una figura de un ocho. En otras palabras, imagínese a los dos participantes del pacto, agarrados del brazo, siguiendo el patrón del número ocho entre los animales sacrificados. Caminaban en medio de los sacrificios.[18] Eso podría denominarse "valles". ¿Le vienen a la mente las famosas palabras: "Aun si voy por valles tenebrosos, no temo peligro alguno porque tú estás a mi lado"?[19] Luego caminaban alrededor de los sacrificios. Seguirían caminando, seguirían bajando de ese ocho, seguirían tejiendo entre los sacrificios. Pronto volverían de nuevo al "valle", donde estaban la sangre, el hedor y la muerte. En sus mentes se formaban imágenes de los males que podrían sobrevenir en el futuro. Eso profundizaba su pacto, mostrando lo que significaría su vínculo en los días problemáticos que se avecinaban.

Esto es lo que quiero que sepa. En ese momento espectacular en el que apareció ese fogón humeante con una antorcha encendida y pasó entre los pedazos de carne de los animales, era Dios el que estaba pasando solo por el sacrificio. Ciertamente, Dios estaba dando a entender que estaría con Abram en las partes externas menos desafiantes. Asimismo, estaría con Abram en el valle, en la sangre, el dolor y el miedo. Esta es una prueba asombrosa de que el pacto de Dios con Abram fue obra de Dios y solo de él. El pacto unilateral es un pacto de gracia.

Esa fue la verdad fundamental de la vida de Abram. Era un hombre imperfecto, a veces dominado por el miedo y dado a la cobardía. Sin embargo, conocía a un Dios de pacto, un Dios que se había comprometido con él y su pueblo. Eso es lo que convirtió a Abram en patriarca. Eso es lo que lo convirtió en el poseedor de una tierra prometida. Eso es lo que lo convirtió en el fundador de la fe. Y eso es lo que lo convirtió en profeta de Dios.

LECCIONES DEL VIEJO DOCTOR MARK SOBRE ABRAHAM

Disfruta la victoria tras la victoria.

Recuerde esto: después de una batalla, ya sea que gane o pierda, necesita un nuevo encuentro con Dios. Inmediatamente después de su victoria sobre los reyes que habían secuestrado a Lot, pero antes de que respondiera al rey de Sodoma, Abram se comunicó con el sacerdote de Salén. Después de enfrentarse a un "rey" u otro, incluso si gana, usted estará más agotado de lo que cree. La gente cansada toma malas decisiones y las malas decisiones pueden arrebatar la derrota de las fauces de la victoria. Deje que el Sumo Sacerdote de nuestra fe restaure lo que perdió en la refriega. Refrescado por su presencia, la siguiente decisión que tome será correcta.

Viva y lidere sin miedo.

Nuestro pacto con Dios se basa en el fundamento de la perfección divina, no en la nuestra. Abram no era perfecto. Fue un gran hombre y un gran profeta, pero no fue perfecto. No somos perfectos y nuestra pretendida perfección es un mal disfraz. A veces nos engañamos a nosotros mismos, pero solo brevemente, y no engañamos a nadie más. Nada eterno descansa sobre nuestro yo carnal. Todos creemos y esperamos descansar únicamente en el carácter de Dios.

Podemos vivir y liderar sin miedo, confiando en la vida y la muerte, porque nuestro pacto con Dios se basa en el carácter divino.

Tenga cuidado donde levanta su tienda.

Lot es una advertencia. Sodoma parecía acogedora, próspera y, bueno, más tranquila. Mucho antes de que Lot fuera secuestrado en Sodoma, fue secuestrado por Sodoma. La indulgencia conduce inexorablemente a la destrucción. Sodoma lo corrompió y su vida terminó en una cueva, la misma donde embarazó a sus propias hijas. Arme su tienda hacia Sodoma y reciba la destrucción de Sodoma. Monte su tienda en el centro de la voluntad de Dios para su vida y reciba sus bendiciones.

Sepa cuándo luchar y cuándo huir.

La vida está llena de "reyes". Algunos de ellos son amenazantes, como un jefe irrazonable o un cliente exagerado. Algunos son seductores. Como Abram, sin embargo, debemos discernir con cual luchar y con cual huir. Hacer eso bien puede significar la diferencia entre la perdición y la liberación.

La posición predeterminada de algunas personas es luchar. Su vida es una confusión constante. Todo es cuestión de principios, por lo que vale la pena morir por cada sacrificio. Para otros, volar es la respuesta. Huir siempre. Nunca encuentran el músculo de la confrontación, abandonando a quienes deberían defender y no lanzando un tiro nunca. Nunca morirán en una pelea, pero tampoco se mantendrán firmes por nada.

Abram comprueba que hay tiempo para luchar y tiempo para huir. Arriesgó su propia vida para rescatar a otros. Hay momento para luchar, pero no siempre es así. Luchó contra reyes, pero luchó por rescatar al límite. El rey con el que no luchó fue el de Sodoma. En presencia de un rey como ese, nuestras vidas están en peligro. Sin embargo, la respuesta no es luchar sino huir. Váyase sin nada, no se quede con algo y no mire atrás nunca.

CAPÍTULO 3

Moisés y el Dios libertador

Después de eso, Moisés
y Aarón se presentaron ante
el faraón y le dijeron: —Así dice el
SEÑOR, Dios de Israel: "Deja ir a mi pueblo para
que celebre en el desierto una fiesta en mi honor". —¿Y quién
es el SEÑOR —respondió el faraón— para que yo le obedezca y
deje ir a Israel? ¡Ni conozco al SEÑOR, ni voy a dejar que Israel
se vaya! —El Dios de los hebreos nos ha salido al encuentro —
contestaron—. Así que debemos hacer un viaje de tres días, hasta
el desierto, para ofrecer sacrificios al Señor nuestro Dios. De lo
contrario, podría castigarnos con plagas o
matarnos a filo de espada.

—Éxodo 5:1-3

HAY UN ASPECTO heroico en el ministerio profético, especialmente cuando los profetas se enfrentan a los "reyes" de esta tierra. Se requiere una gran cantidad de valentía para pararse frente a los sistemas de poder terrenal y hablar la Palabra de Dios. Cuando esa palabra se convierte en una expresión de reprensión o corrección o incluso en un cambio de dirección ordenado por Dios, el nivel de valentía requerido está más allá de la imaginación de la mayoría.

Piense de nuevo en los dos ministros metodistas en 1785, entregando lo que equivalía a un desafío profético a George Washington. Se necesitó un gran valor y poder del Espíritu Santo para suplicar a un presidente dueño de esclavos que aboliera la esclavitud. Ciertamente, no corrían peligro físico. Washington era un hombre bueno y decente, a pesar de ser dueño de esclavos. No iba a hacer arrestar ni ejecutar a esos ministros, y ellos lo sabían. Sin embargo, la mayoría no se habría atrevido a pedirle al general que diera un paso tan grande. La mayoría tampoco habría sido tan profética como para ver la importancia moral e histórica de tal confrontación.

El ministerio profético en su forma más audaz es la voz de la confrontación divina contra las fuerzas mundiales imperantes. No piense ni por un momento que eso es divertido. No crea que eso no tiene costo ni peligro. Dios ha llamado —y todavía llama— a las personas y a la iglesia a enfrentar el mal social e individual en la persona de los gobernantes humanos, y estas confrontaciones son a menudo bisagras de la historia.

Creo que ha habido cuatro encrucijadas importantes en la historia de Estados Unidos en las que la iglesia intentó hablar proféticamente a la nación y a sus líderes. El primero fue el épico enfrentamiento por la abolición de la esclavitud. Aunque muchos cristianos no dieron a conocer el juicio de Dios sobre la institución de la esclavitud, otros hablaron proféticamente en nombre de Dios y para su gloria. Muchos en ese momento contencioso dijeron: "En Cristo no podemos ser dueños de los seres humanos ni privarlos de la vida y la libertad". La mayoría de los abolicionistas eran cristianos, una en particular era Julia Ward Howe. Con la melodía de "El cuerpo de John Brown", escribió lo que se convertiría en el himno de batalla de las tropas de la Unión en la gran Guerra Civil de Estados Unidos. Cuando usted lee la letra de esa magnífica canción, está leyendo una declaración profética de encarnación. La señora Howe dijo, en esencia: "Veo a Dios en los fuegos vigilantes del Ejército de la Unión. Cuando miro las laderas y veo mil fogatas de la Unión, veo la mano de Dios". Luego, la letra decía que Dios "está aplastando la vendimia donde se almacenan las uvas de la ira".[1] Las botas marchantes del ejército de la Unión aplastaron la vendimia. En la marcha de Sherman desde Atlanta a Savannah, casi quemaron Georgia hasta los cimientos. A través de sus letras, esencialmente dijo: "Ese es Dios. Por toda la esclavitud y todo el mal que se ha acumulado año tras año tras año, por toda la maldad que se ha cometido en nombre de la economía del sur, el Ejército de la Unión es la mano justiciera de Dios".

Eso debe haber exasperado a los sureños. Sin embargo, en la actualidad, sorprendentemente, "El Himno de Batalla de la República" se canta en las iglesias del sur. Hemos avanzado más allá de la batalla profética por la abolición de la esclavitud, gracias a Dios.

La segunda gran batalla profética en la sociedad estadounidense, una que continúa librándose hasta el día de hoy, es contra el alcohol y las drogas. Nuestra nación intentó una solución legal para esa crisis con la "Prohibición" a principios del siglo veinte. Ese esfuerzo condujo a una enmienda condenada y errónea a la Constitución que no resolvió nada. Aun así, quizás la parte más grande y noble de ese esfuerzo fue que las iglesias se pusieron de pie con su poder profético y declararon que es malo que la gente ingiera hasta morir y así se condene a sí misma y a sus familias a la destrucción. El pueblo de Dios se levantó, como lo hace a menudo hoy, y proclamó que la adicción al alcohol y las drogas no es de Dios y se opuso completamente. Esa fue una batalla necesaria. Fue, y sigue siendo, una batalla piadosa. La Prohibición fue un instrumento legal equivocado y fallido, pero una iglesia profética no puede aceptar los horrores del alcoholismo y la adicción a las drogas y menos a aquellos que se benefician de ambos vicios.

La tercera gran batalla profética que se ha desatado en los Estados Unidos fue la lucha para poner fin a la maldad de la segregación. Después de que la nación abolió la institución de la esclavitud, las leyes de Jim Crow en el sur institucionalizaron la degradación de los negros. Muchos olvidan que la oposición a Jim Crow fue en gran parte un movimiento profético de la iglesia. Sé que no todas las iglesias se levantaron con justa furia. De hecho, muchos apoyaron la segregación. Sin embargo, el doctor Martin Luther King captó ese momento en su desgarradora *Carta desde la cárcel de Birmingham*. Dijo, rotundamente, que ese asunto de la segregación era incorrecto, impío y destructivo. Audazmente acusó a los predicadores cristianos blancos, evangélicos, "lavados en la sangre" que creían en la Biblia y que se negaban a ponerse de pie para denunciar la segregación. Hizo bien en hacer eso y fue un acto profético. Era una época de linchamientos, pero más allá de los números estaba la pesadilla diaria de un millón de mezquinas costumbres y leyes que se usaban para vencer a una raza y llevarla a una humillante sumisión.

Aunque la Prohibición fracasó como solución jurídica, la columna vertebral de la segregación se rompió legalmente.

Aunque el racismo individual nunca será eliminado de este lado del cielo, los sistemas legales y financieros de Estados Unidos no son lo que eran en el pasado, una barrera para toda una raza. Ese furúnculo ha sido desechado y se debió, en gran parte, a las voces proféticas de la iglesia.

Por último, ahora estamos envueltos en otra gran batalla moral, otra competencia profética en la que la iglesia ha tomado la delantera. Se trata de la batalla contra el aborto. Les diré francamente que esta batalla nunca debería haber sido necesaria. Parece que cualquiera con un corazón latiendo sabría que aplastar a los niños en el útero o, en algunos casos, matarlos fuera del útero después del nacimiento, es un mal de los más perversos a nivel histórico. Es una manía demoníaca y genocida, un nivel de maldad que tiene el efecto de aniquilar a las generaciones futuras y pervertir a toda una sociedad. Sin embargo, hemos tenido que pelear esta batalla porque no todos están convencidos, ni en el mundo, ni en la sociedad estadounidense, ni siquiera en la iglesia. Por lo tanto, la iglesia profética sigue luchando, como debe hacerlo.

¿Cómo se relacionan estas cuatro luchas con Moisés? Es evidente que de una sola manera. Sin embargo, hay diferencias sutiles que vale la pena considerar. Una diferencia importante entre las batallas que Moisés fue instado a pelear y las batallas morales en la historia de Estados Unidos es el motivo divino. Es cierto que ambos requirieron una confrontación audaz, ambas cosas demandaban audacia y ambas fueron de naturaleza profética. Sin embargo Dios, a través de Moisés, no estaba tratando de erradicar un mal nacional. Moisés declaró un mensaje muy personal del Dios viviente: *Este es mi pueblo. ¡Déjalos ir!*

Esto es importante. El conflicto entre Moisés y Faraón no fue específicamente sobre la institución de la esclavitud como un mal social. La esclavitud es, en verdad, mala; pero eso no fue el meollo del conflicto. Es probable que en ese momento hubiera otros esclavos en el vasto imperio de Egipto, pero Dios no ordenó a Egipto que pusiera fin a la práctica de la esclavitud. El mensaje de Moisés fue específico. Libera a los esclavos hebreos. El caso es que no se trataba de un conflicto generalizado entre el bien y el mal. Se trataba del pueblo de Dios, a quien Faraón reclamaba como suyo. La pregunta era muy sencilla: ¿A quién pertenecían los hebreos: a Dios o a Faraón?

El Dios del pueblo hebreo levantó a un profeta cuya historia de vida era la más inverosímil de todas y puso en su boca un mensaje: "El Dios de Abraham quiere que su pueblo regrese. Egipto los ha tenido suficiente tiempo". La única persona que podía tomar la decisión de liberar al pueblo de Dios era el propio Faraón y se negó rotundamente. Eso hizo del caso un asunto personal: Dios contra Faraón. Solo uno podía tener razón. Solo uno podía ser el Señor de los hebreos. Debido a que Moisés fue el profeta que entregó el mensaje, y probablemente debido a la historia particular de Moisés en Egipto casi medio siglo antes, el conflicto se convirtió en uno de otro nivel entre Moisés y Faraón.

Moisés nunca denunció la esclavitud ni reprendió a Egipto por su idolatría. Esa fue una pelea odiosa sobre quién tenía derecho a elegir el destino del pueblo hebreo. Faraón no estaba dispuesto a renunciar a su autoridad fácilmente. Los hebreos eran suyos, creía él. Solo él podía decidir dónde vivirían e, incluso, cuál de ellos viviría. Él decidía lo que comían y cuáles serían sus labores. Faraón no solo gobernaba sus miserables vidas sin propósito. Más importante aún, se interpuso entre ellos y su destino como pueblo, como "nación", cosa que nunca antes habían sido y en lo que pocos tenían alguna esperanza de convertirse. Eran sus esclavos y su único destino era trabajar para enriquecerlos y morir en los guetos de Gosén. Ese fue el reclamo de Faraón. Esa era su intención. Sin embargo, según Moisés, los hebreos eran el pueblo de Dios y este tenía un propósito más elevado y un lugar mejor para ellos. Su destino no estaba en manos de Faraón para que lo decidiera, ni estaba en los pozos de lodo de Egipto.

El choque entre Moisés y Faraón fue cara a cara, frente a frente y de hombre a hombre, o al menos de hombre a hombre de Dios. Eso no tuvo nada que ver con limpiar el clima moral de Egipto. Se trataba de una simple pregunta: ¿Quién era el dueño del pueblo hebreo? ¿Quién tomaba las grandes decisiones con respecto a ellos? No fue posible ningún compromiso. Se trataba de un conflicto bilateral, no negociable, tipo ganar-perder, del que solo podía salir un vencedor.

El conflicto entre el profeta Moisés y el faraón nunca fue un intento por reformar la monarquía ni la cultura egipcia. No hubo un llamado al arrepentimiento, ninguna denuncia enérgica de la idolatría pública de Egipto ni de los pecados secretos de Faraón, cualesquiera que hayan sido. La carga del mensaje de Moisés a Faraón fue directa y clara: "Así ha dicho Jehová: Deja ir a mi pueblo".

La respuesta de Faraón fue igualmente clara y no menos directa: "Los hebreos me pertenecen a mí, no a un dios esclavo impotente y olvidado hace mucho tiempo. Son míos y no me privaré de ellos por la palabra de un anciano príncipe caído que, después de cuarenta años, regresa a Egipto desde el profundo desierto. ¿Quién es ese anciano para decirme que lo que ha sido de Egipto durante cuatrocientos años ya no es mío? No. Míos han sido los hebreos y permanecerán siendo míos".

Con eso la suerte estaba echada. Profeta contra Faraón, el Dios de Abraham contra los dioses de Egipto. Y el premio fue un pueblo en esclavitud y una nación que aún no había nacido.

Como la historia de Samuel, la de Moisés comienza con el relato de una mujer. Tal vez recuerde que el de Samuel comienza con la esterilidad de su madre y su deseo de tener un hijo. La historia de Moisés no se trata de una mujer estéril. Se trata del sacrificio que hace una madre. Recuerde que su madre tuvo a su bebé durante la época de la servidumbre egipcia, cuando una terrible ley requería que se matara a todos los bebés varones hebreos. Esa es una historia difícil de asimilar. Tenemos que imaginarnos a las parteras estrangulando a los recién nacidos; tenemos que imaginar a los niños muertos al nacer.

Supongo que nada de eso es demasiado impactante para las personas que viven en Estados Unidos hoy, porque estamos haciendo lo mismo. Saneamos un poco la discusión, por supuesto. A esas cosas las llamamos "abortos posparto". Esta es solo una buena forma de decir infanticidio. Hoy practicamos eso en Estados Unidos, por lo que no es pedirnos demasiado que imaginemos las demandas de infanticidio que recayeron sobre la madre de Moisés.

Cuando ella dio a luz a Moisés, lo escondió. Con el tiempo, a medida que crecía, no había lugar para ocultarlo. Entonces esa madre agonizante tomó

Lea la historia:

Éxodo 2.

una decisión terrible. Puso a Moisés en una canasta y lo escondió entre los juncos a las orillas del Nilo. Usted conoce la historia. Miriam, la hermana de Moisés, observa cómo la hija del faraón encuentra al bebé en la canasta y lo toma como si fuera suyo. La madre de Moisés, milagrosamente, es designada para cuidar al niño.

Moisés, por cierto, no es un nombre hebreo; es egipcio. Tal vez recuerde haber estudiado historia egipcia en la escuela secundaria y recuerde encontrarse con el nombre de Tutmosis. Cuando quitas el *Tut* de ese nombre, tienes a Mosis o Moisés. Ese era su nombre egipcio. En hebreo, era *Moisés*. En árabe, era *Musa*. Tenga en cuenta que Moisés es profeta no solo para los judíos y los cristianos, sino también para los musulmanes. Por tanto, es un profeta internacional y transreligioso.

Moisés fue criado, por tanto, en la casa de Faraón, lo cual es una comedia divina, ¿no le parece? ¿No es una broma sublime? El faraón ordena que todos los bebés hebreos sean asesinados, pero Dios dice: "Toma, resucita a este". Ya cuando es adulto, Moisés —actuando en la carne— comete homicidio. No creo que pueda llamarse asesinato exactamente, ni legalmente, pero en verdad es homicidio y contra un ciudadano egipcio, un amo de esclavos. Así que Moisés huye y se va a Madián, donde se casa con una madianita y trabaja cuarenta años para su suegro.

La vida de Moisés, curiosamente, fue en realidad un lapso de 120 años dividido en tres segmentos exactos de 40 años cada uno. Pasó 40 años en Egipto. Luego estuvo 40 años en Madián. Y, finalmente, estuvo 40 años vagando por el desierto con el pueblo hebreo. Dios, a menudo, obra en las vidas de sus siervos de una manera tan proporcional que parece casi matemática.

Lo importante para nuestros propósitos es que Moisés por fin regresó a Egipto de su exilio autoimpuesto en el desierto de Madián. El punto de transición entre Madián y Egipto fue la experiencia de la zarza ardiente. La convocatoria de Moisés al oficio de profeta fue sobrenatural en todos los sentidos. Con la posible excepción de Isaías, el llamado de Moisés fue el más asombroso. Vio al ángel del Señor en una zarza que no dejaba de arder. Experimentó la revelación de Dios como fuego santo. Más aun, escuchó a Dios revelarse a sí mismo como el Yo soy. Moisés fue llamado a hablar en nombre de un Dios cuyo carácter y naturaleza era inmutable y su santidad eterna. Dios nunca es "yo era". Nunca es "yo seré". Él es "Yo soy".

Esta experiencia en la zarza ardiente es importante para Moisés. Es la comisión que lo envía de regreso a Egipto y a la presencia de Faraón. Sin embargo, es necesario hacer una distinción. Lo que Moisés aprendió en la zarza ardiente fue una gran lección acerca del carácter de Dios. Él es Yo soy. Él es santo. Él es otro. Él está por encima de todos los hombres y por encima de todos los demás dioses. Sin embargo, cuando Moisés acude a Faraón, no intenta convencerlo de la naturaleza de Dios. No intenta decirle a Faraón quién es Dios. El mensaje profético de Moisés no es apologético. Solo tiene la intención de declarar el poder de Dios.

La revelación de la naturaleza de Dios no es para Faraón. Es para los hebreos cautivos. Moisés declara la santidad de Dios, su completa y asombrosa alteridad para el pueblo de Dios. Ellos están destinados a reclamar esa fe y llevarla con ellos fuera de Egipto a la tierra prometida.

Sin embargo, nuestra preocupación es el encuentro de Faraón y Moisés con él. Dios está tratando con Egipto, no con un rey judío. Faraón es egipcio. Es un pagano. Cree en todos los dioses y diosas de Egipto. Dios no está tratando de lidiar con un rey judío de Israel o Judá. No está tratando de enseñarle a Egipto quién es Jehová. Simplemente está tratando de hacer que Faraón le obedezca. De hecho, ni siquiera está llamándolo al arrepentimiento. No le preocupa el pecado de Faraón. Tampoco le preocupa la esclavitud como institución. No, está preocupado por su pueblo. Quiere que su pueblo sea libre para que pueda adorarlo y regresar a la tierra que les dio. Quiere que Faraón deje ir a su pueblo. Ese es el meollo del enfrentamiento entre Moisés y Faraón.

Deberíamos tomarnos un momento y considerar la naturaleza de Moisés en todo esto. Uno de los puntos principales que deseo destacar en estas páginas es que los profetas no son perfectos. Eso ciertamente es verdad en el caso de Moisés. Él, como dirían los chicos hoy, ¡no era perfecto! Moisés tenía dos grandes debilidades. Una era el temperamento y la otra la autocompasión. En apariencia, ambas cosas lucen como problemas opuestos, pero en realidad se relacionan. Una persona con un problema de autocompasión podría revolcarse en esa condición y nunca explotar. Moisés se revolcaba de vez en cuando, pero explotaba cuando no podía soportar más la situación. En efecto, luchó con su temperamento todo el tiempo, aun cuando dirigía a los hebreos en su travesía. Eso lo condujo al homicidio involuntario que cometió. Lo llevó a desobedecer a Dios una y otra vez. Sin embargo, a través de todo eso, una fuerza suprema puso a Moisés en el camino a lo alto y permitió que Dios lo usara: Moisés es el hombre más manso que jamás haya existido.

La mansedumbre es una de las virtudes cristianas más incomprendidas. La mansedumbre no es debilidad. Es poder bajo control. Mi ilustración favorita de eso proviene de mi preferencia por ver el canal televisivo National Geographic. Hace poco hubo una representación de una madre león, una leona, que tenía tres cachorros. Los cachorros estaban trepando por ella y mordiéndole la oreja y la pierna. Ahora bien, esa madre leona podría haberle roto el pescuezo a cualquiera de esos bebés con un solo golpe de su pata. Así era de poderosa. Sin embargo, los recogió y los llevó con seguridad en su enorme mandíbula. Solo Dios sabe cuál es la presión que puede aplicar la mandíbula de un león. Estoy seguro de que es algo aterrador. No obstante, esa madre leona no les hizo daño. Puede que eso le parezca extraño, pero esa madre leona era mansa. ¿Por qué? Porque, en realidad, usted no puede mostrar la virtud de la mansedumbre a menos que tenga poder. Cuando un gran poder está completamente bajo control, completamente templado, tiene mansedumbre. Por tanto, Moisés era un hombre terriblemente poderoso, pero era manso porque tenía ese poder bajo control. Ese poder podría hacerse tan tierno como la mandíbula de una madre leona cargando a sus críos.

Moisés regresa de Madián cuarenta años después de haber cometido homicidio involuntario y se encamina directo hacia Faraón, el rey más poderoso de la tierra. La Biblia no explica eso. Simplemente lo afirma. ¿Qué significa eso? ¿Que Moisés tenía acceso debido a su antigua conexión con la corte? Quizás. Por otro lado, su pasada y última conexión con la corte fue criminal. Probablemente haya un precio por su cabeza. Así que esto es claramente una obra de Dios, aunque nos quedamos para reflexionar, como lo he hecho yo, sin una respuesta clara. Esto no es solo un fenómeno en la vida de Moisés. Casi todos los profetas bíblicos parecen poder simplemente entrar en las cortes de los reyes a los que deben dirigirse. Es una característica de su ministerio, una parte del empoderamiento que tienen por lo que hacen. Eso debería ser alentador para nosotros. Cuando Dios llama, concede el acceso que requiere el llamamiento. Es algo sorprendente y emocionante al mismo tiempo.

Veamos más de cerca el carácter y la naturaleza del conflicto de Moisés con el faraón. Es interesante que la contienda con esa autoridad, en realidad, empuja a Faraón a pecar. El conflicto no se trata inicialmente de su pecado. Sin embargo, cuando endurece su corazón y se niega a obedecer a Dios, esas acciones se convierten en su pecado. Entonces, ¿qué significa eso? Significa que el juicio sobre Egipto, y sobre el Faraón personalmente, es un derivado de la misión profética de Moisés. Observe que Dios no envía a Moisés a decir: "Arrepiéntase y crea en Jehová. Renuncie a la esclavitud y Dios le bendecirá". No. No se trata de eso. El mensaje simplemente es: "Deja ir a mi pueblo". Como el faraón no lo hace, endurece su corazón contra Dios. Esa condición del corazón y la resistencia al Dios verdadero se convierten en el objetivo del juicio.

Aquí surge una pregunta interesante. ¿Dios castiga a Faraón por 430 años de esclavitud? ¿Está castigando a Egipto por la esclavitud o por la desobediencia de no dejar ir a Israel cuando dice que los deje ir? Yo diría que la respuesta es sí. Ambas cosas son verdaderas.

La negativa del faraón a dejar ir al pueblo de Dios trae la ira de Dios sobre él, lo que incluye el castigo por el pecado de esclavizar a Israel desde el principio. Esto ilustra una característica importante de la confrontación profética. El profeta habla la Palabra de Dios. Si el rey se resiste, entonces el juicio viene en una proporción mucho mayor de lo que el profeta dijo inicialmente. La resistencia a Dios en un aspecto es respondida con juicio por todo lo que ha sido contrario a la voluntad de Dios. Por eso los juicios de Dios parecen tan grandes en la vida de las naciones. Resista a Dios, enfréntelo en un punto y la ira de él caerá sobre todo lo que lo haya ofendido. Para mí, eso hace que los profetas sean figuras aterradoras y que la palabra del Señor sea algo a considerar a toda costa.

Sin embargo, nuestro énfasis en Egipto es un poco equivocado, ¿le parece? Moisés no se trata de Egipto. Su mensaje no tiene que ver realmente con Egipto. Tiene que ver con el pueblo de Dios. La verdad es que Moisés no le está hablando a una nación. ¿Por qué? Porque a esas alturas, todavía no existe la nación de Israel. Solo existe el pueblo hebreo. No hay entendimiento de Israel en Egipto. Incluso el pueblo mismo no tiene un concepto de lo que significa ser la nación de Israel. Todavía están saliendo de la esclavitud y de una mentalidad esclava.

Considere que cuando el pueblo hebreo entró en Egipto 430 años antes que Moisés, solo eran setenta personas. Esa era la familia de Jacob.[2] Sin embargo, 430 años después, se estimaba que había dos millones y medio de personas, todos nacidos en la esclavitud. Nunca habían conocido nada más que la esclavitud. Así que, no hay nación, solo hay una tribu nacida de esclavos. Entonces, Moisés realmente no se está dirigiendo a Faraón como una persona ni lo está llamando al arrepentimiento; en realidad, no está tratando como un profeta a Israel. Él es, en cambio, el mecanismo profético para sacar al pueblo hebreo de la esclavitud y guiarlo a Eretz Yisrael, la Tierra de Israel.

Así que, todo el enfoque del ministerio de Moisés tiene que ver con sacar al pueblo hebreo de Egipto y llevarlo a la tierra que Dios les dio a sus padres. Recuerde que Dios siempre expresa su descripción de la tierra prometida de esta manera: "La tierra que le di a Abraham e Isaac". La tierra es Eretz Yisrael, en hebreo "la Tierra de Israel". Moisés tiene una tarea solitaria: la liberación del pueblo hebreo. Por eso su ministerio es tan poderoso. Por eso es tan dramático. Y es por eso que el efecto en Egipto es tan devastador.

Permítame usar un paralelo moderno para hacer un punto más profundo sobre lo que estamos examinando, consideremos la Alemania al final de la Segunda Guerra Mundial. Aquí hay una verdad aterradora: en solo tres noches los aliados lanzaron 3.900 toneladas de bombas y artefactos incendiarios sobre Dresde, Alemania. Eso es más de lo que los alemanes dejaron caer en Liverpool, Birmingham, Bristol y Plymouth combinados durante todo el bombardeo y una cuarta parte de los que cayeron en Londres. Fue una pesadilla, una conflagración que quemó más de seiscientas hectáreas y mató a más de 25.000 personas.[3] Y eso no fue todo el sufrimiento que soportó Alemania. Cuando Rusia invadió Berlín aproximadamente al mismo tiempo, se cometieron atrocidades que son demasiado viles para que las cuente aquí. Hubo bombardeos, incendios y muerte, por supuesto. Pero además, la venganza de los soldados rusos era algo muy personal para ellos. Alemania sigue sintiendo la agonía de esa época hasta el día de hoy.

Sin embargo, ¿por qué ocurrió todo eso? ¿Por qué hubo tales horrores en el pueblo alemán? Le diré exactamente por qué. Si usted toca a los judíos, pone su dedo en el globo ocular de Dios. Deberíamos temer por cualquier nación que toque al pueblo judío. Eso es lo que le sucedió a Egipto. Sí, Moisés estaba liberando al pueblo hebreo, pero cuando Faraón decidió resistir el mandato de Dios, desató los horrores más inimaginables sobre su pueblo. Así siempre ha sido con la defensa de Dios de los judíos. Así será siempre.

Eso yace en la esencia de la contienda entre Moisés y Faraón, entre el profeta de Dios y el gobernante de Egipto. Es la competencia por excelencia entre el profeta y el rey. El faraón dependía de un ejército, pero Dios dijo: "Puedo ahogar a tu ejército en un minuto". El faraón dependía de la magia, pero Dios dijo: "No hago trucos mágicos, pero puedo devorar a tus magos".

Una de las mayores confirmaciones de la superioridad de Jehová vino con la plaga que surgió cuando Moisés tocó la arena con su vara y convirtió cada grano en un mosquito o tal vez en piojos (el término hebreo puede referirse a ambas cosas). El faraón luego se vuelve hacia sus magos y dice: "Está bien, ¿qué pasa con este? Arrojaste tus varas y se convirtieron en serpientes. ¿Pueden igualar lo que Moisés ha hecho ahora?". Pero, por supuesto, no pudieron, diciendo: "Este es el dedo de Dios". Esta frase es una expresión idiomática hebrea que en realidad significa "el Espíritu Santo".

Esto es importante. ¿Recuerda esa terrible orgía de borrachos que tuvo Belsasar? El dedo de Dios apareció en el cielo y luego escribió en una pared: "MENE, MENE, TÉQUEL, PARSIN… Dios ha contado los días del reino de Su Majestad, y les ha puesto un límite … ha sido puesto en la balanza, y no pesa lo que debería pesar … El reino de Su Majestad se ha dividido, y ha sido entregado a medos y persas".[4] Ese es el dedo de Dios.

Más adelante en la historia de Moisés, los Diez Mandamientos fueron escritos en piedra. ¿Por qué? Por el dedo de Dios, el Espíritu Santo. Entonces, esos magos egipcios reconocieron que se trataba de un poder, una fuerza, que no podían imitar ni tratar siquiera de comprender. Los magos obviamente estaban practicando magia. Estaban jugando una mala pasada. Sin embargo, Moisés estaba operando bajo el poder del Espíritu Santo. Y aquí, amigos míos, está el ejemplo por excelencia del conflicto entre el poder profético en el nombre de Jehová Dios y el poder real en el nombre de un reino terrenal.

Los reyes y los líderes políticos tienden a ser triunfadores coléricos y de alto octanaje. Los profetas tienden al lado melancólico de la vida. David, Jehú, Josafat: todos tenían que ver con el cambio, liderar el cambio, los logros, la edificación y los números. Gestionaban fuerte, decididos y concentrados. Su visión era práctica: construir un ejército, construir una nación, construir Jerusalén y construir su dinastía. Esa suele ser la forma en que funciona el liderazgo en el ámbito natural.

Los profetas, por otro lado, tienden a ser más melancólicos. Son profundamente espirituales y muy sensibles. A menudo son más felices a solas con Dios que con las personas. Elías luchó con eso. ¿Recuerda cuando el poderoso profeta Elías, que acababa de orar por fuego para que matara a 450 sacerdotes de Baal, se sentó solo debajo de un árbol orando para morir? Jeremías estaba hecho de la misma materia. Se le llama el profeta llorón. Eso nos lleva a Moisés. Probablemente fue una de las elecciones más extrañas e imaginables para un líder profético. Moisés se convirtió para el pueblo hebreo en lo que Samuel sería más tarde como juez. Moisés era casi como un rey. Dirigió a la gente. Era el rey de una nación ambulante en el desierto. De hecho, el Nuevo Testamento llama a la gente en ese momento iglesia. Eran como una iglesia en movimiento. ¿Fue pastor, profeta, rey, gobernante o juez? En cierto modo, Moisés era todo eso. Y, sin embargo, anteriormente estuvo contento durante cuarenta años en el desierto madianita. Se podría decir que Dios arruinó la vida de Moisés. Moisés estaba casado y era feliz cuidando sus ovejas. Luego viene la zarza ardiente y, desde ese día, Moisés entona constantemente: "¡Oh Dios, líbrame de este pueblo!". Este es el clamor de un profeta.

El propio Jesús nos muestra la singularidad de lo que significa ser profeta. Él era profundamente sensible, profundamente espiritual. A menudo, tuvo que huir de la gente que lo seguía. Lo rodeaban. Había una masa constantemente agitada y bulliciosa alrededor de Jesús, tirando de él y llamándolo: "Sálvame, tócame, cúrame". "Aquí está mi hija; ¡resucítala de entre los muertos!". Las personas con necesidades se agolpaban a su alrededor. Tan grande era esa multitud siempre presente que una vez, en medio de la noche, Jesús fue a la cima de una montaña solo para alejarse de la gente. Permitió que los discípulos se fueran antes que él en bote solo para poder tener un momento a solas. Más tarde, tuvo que caminar sobre el agua solo para alcanzarlos.

En resumen, los profetas son simplemente más extraños que los reyes. Hay una rareza, una extrañeza en ellos. No son personas que tengan una gran cantidad de amigos y relaciones. Son únicos y se destacan en su generación. Sin embargo, debido a su aislamiento y propensión a ser extraños, impactan la era en la que viven proclamando la voluntad del Dios vivo.

LECCIONES DEL VIEJO DOCTOR MARK SOBRE MOISÉS

Nunca reclame para usted lo que le pertenece a Dios.

Aprenda esta única lección, esta gran enseñanza, y su vida podrá ser bendecida. Nunca subestime la miseria indescriptible que puede sobrevenir a su vida y a la vida de los demás al negarse a conocerla. Ese fue el terrible error de Faraón. Los hebreos pertenecían a Dios. Asimismo, la vida suya le pertenece a Dios. Cuando usted afirma que es de usted mismo, le está robando a Dios. ¿Qué le está robando? Su propia persona, porque usted es de Dios. Eso es lo que hace del aborto un pecado tan horrible. Una mujer que comete aborto está robando dos vidas que pertenecen a Dios: la de ella y la de su bebé por nacer. Matar al bebé es un pecado terrible, pero ese pecado es el resultado de otro pecado anterior, que es el robo del bebé a Dios.

La mujer dice: "Es mi cuerpo y es mi bebé. Puedo hacer lo que quiera con ambos". Ahí termina la historia. Pero no es cierto. Tampoco son de ella. Ambas vidas pertenecen a Dios. Para matar al bebé, primero debe reclamar tanto a él como al cuerpo que lo alberga como suyo. Eso es exactamente lo que dijo Faraón: "Estos hebreos son míos, por lo que tengo el poder sobre la vida y la muerte de ellos". Sin embargo, Dios dijo: "Son míos, tú eres un ladrón y un asesino. No son tuyos, pero un mundo de espantoso dolor es tuyo". Robarle a Dios es el camino a la agonía.

No confunda los métodos fallidos con el ministerio falso.

El intento inicial de Moisés de ayudar a sus hermanos hebreos fue erróneo, por decir lo mínimo. Resultó en la muerte de un soldado egipcio y en el exilio de cuarenta años que padeció el propio Moisés. Sin embargo, ese comienzo en falso no significó que Moisés fuera un falso profeta. ¿Ha tenido usted un comienzo en falso? Bien, vuelva al punto de su llamado. Empiece de nuevo... allá atrás. ¿Ha sido marginado como lo fue Moisés? Deje que Dios lo lleve de regreso al campo a la manera de él y a su tiempo, y cuando lo haga, hágalo a la manera de Dios esta vez. Eso es lo más claro y simple que puede ser. Una vocación auténtica no siempre implica aislamiento a prueba de fallos de un mal comienzo, pero un mal comienzo no tiene por qué significar necesariamente un mal final.

Nadie peca en el vacío.

La contienda entre Dios y Faraón fue un asunto personal. Ambos afirmaron ser dueños de los hebreos. El problema era el terco narcisismo de Faraón, su rebelde pecado personal y su rechazo al ministerio profético de Moisés. Faraón pecó personalmente. Sin embargo, todo Egipto sufrió. Nadie peca en el vacío. Los cónyuges, las familias, las iglesias e incluso las naciones sufren cuando los líderes pecan. El borracho que conduce no está aislado en el vacío. El político corrupto puede decirse a sí mismo que el soborno que acepta no lastima a nadie más, pero lo hace. No se hace ninguna acusación falsa en el vacío. La reputación, las carreras, los matrimonios y las familias se dañan. El pecado lastima a otras personas además del pecador. El primogénito de una madre egipcia lloró en la noche mientras moría en sus brazos, pero fue el pecado de Faraón el que lo mató, no el de ella.

CAPÍTULO 4

Samuel y el reino de Israel

Luego bajaron del
santuario a la ciudad,
y Samuel conversó con Saúl
en la azotea de su casa. *Al amanecer, a la
hora de levantarse, Samuel habló con Saúl en ese mismo
lugar:* —¡Levántate! —le dijo—; *ya debes partir. Saúl se
levantó, y salieron de la casa juntos. Mientras se dirigían a
las afueras de la ciudad, Samuel le dijo a Saúl:* —Dile al
criado que se adelante, *pero tú quédate un momento, que te
voy a dar un mensaje de parte de Dios.*

—1 Samuel 9:25-27

NACÍ EN UN pequeño pueblo en el noreste de Texas, lo que provocó muchas cosas maravillosas en mi vida. Una de ellas fue que, junto con muchos otros tejanos, abracé a Sam Houston como un héroe querido y una influencia radiante.

Sam Houston es una figura mucho más internacional e histórica de lo que la mayoría de la gente cree. Es el único hombre en la historia de Estados Unidos que fue gobernador de dos estados. También es el único hombre que no solo es jefe de un país, sino que ocupó el cargo dos veces, además de servir tanto en la Cámara de Representantes como en el Senado de los Estados Unidos. Hay mucho más. Su vida fue una llena de aventuras. Cuando era niño, se escapó de casa y vivió con los indios Cherokee. Fue adoptado por un jefe Cherokee y recibió el nombre de "El cuervo", un nombre que llevó con él todos sus días. Es uno de los pocos hombres en la historia que ha luchado en los ejércitos de dos naciones. Fue herido varias veces, incluso una mientras luchaba en la Guerra Creek y nuevamente durante su gran victoria en San Jacinto.

Más adelante en su vida, Houston fue una celebridad nacional e internacional, particularmente en Texas. Los tejanos lo adoraban, hasta que surgió el tema de la secesión. Houston se opuso a la secesión. Recorrió de un lado a otro el estado de Texas —en aquel tiempo había dejado de ser la República de Texas— proclamando su punto de vista de que la secesión sería mala para Texas y mala para Estados Unidos. Pueblo tras pueblo, comunidad fronteriza tras comunidad fronteriza, proclamó sus audaces creencias, pero fue abucheado y rechazado una y otra vez. Finalmente, cuando era gobernador, le pidieron que firmara el juramento de lealtad a la Confederación, a lo que se negó. Fue depuesto y expulsado de su cargo por el pueblo de Texas. En la primavera de 1861 se pronunció de nuevo en defensa de los principios que tanto le habían costado. Usted puede sentir la agonía de Houston, su dolor por el futuro del estado y la nación que amaba y a la que había servido tan plenamente.

Los amigos me han advertido que mi vida correría un gran peligro si expresaba mis sentimientos y convicciones sinceros. Pero el silbido de la turba y los aullidos de los líderes chacales no pueden disuadirme, ni obligarme, a prestar juramento de lealtad a un supuesto gobierno confederado... El suelo de nuestro amado sur beberá profundamente la preciosa sangre de nuestro país, nuestros hijos y nuestros hermanos... No puedo ni quiero cerrar los ojos ante la luz y la voz de la razón. Los líderes de la secesión han echado la suerte... y dentro de poco deben recoger la terrible cosecha de la conspiración y la revolución.[1]

Unos días después, en Galveston, Texas, mirando a una multitud hostil desde el balcón de un hotel, declaró nuevamente:

Algunos de ustedes ríen despreciando la idea de un derramamiento de sangre como resultado de la secesión. Pero déjenme decirles lo que se avecina... Después del sacrificio de incontables millones de tesoros y cientos de miles de vidas, pueden, como una mera posibilidad, ganar la independencia del sur, si Dios no está en contra de ustedes, pero lo dudo... El norte está decidido a preservar esta Unión... Cuando ellos comienzan a moverse en una dirección determinada, se mueven con el impulso constante de una poderosa avalancha. Mi temor es que abrumarán al sur.[2]

Por declarar opiniones como esas, fue rechazado. El gran Sam Houston, una vez amado por la gente de Texas, fue rechazado. Murió solo y despreciado en Huntsville, Texas, a la edad de setenta años. Era el año 1863, el punto álgido de la gran conflagración que había previsto que caería sobre la nación.

Al final de una extraordinaria carrera de fama política y militar internacional, lo que predijo sobre la Guerra Civil resultó ser exactamente correcto. Nada de eso quiere decir que Sam Houston fue un profeta. Hacer una declaración profética de ninguna manera lo convierte en profeta. Sin embargo, el hecho de que tenía razón y se adelantó a su tiempo no le impidió perder todo lo que tenía y morir en el exilio, deshonrado por su pueblo.

Lo mismo sucedió con el profeta Samuel. Su muerte, como se describe en las Escrituras, tampoco fue espectacular. No estaba tan solo, olvidado y despreciado como Sam Houston, pero su muerte fue igualmente ignorada. La Escritura dice: "Samuel murió".[3] El versículo luego nos dice que Israel lo lamentó y lo enterró en su casa. Ciertamente, muchas personas en Israel lo lloraron, pero no hubo funeral de estado. No hubo una tumba elegante. Samuel murió. Solo eso.

Lo que había profetizado sobre los problemas que un rey traería al país era asombrosamente acertado. Cuando la gente demandó rey, Samuel dijo: "Dios les dará un rey si quieren uno". Pero también les dijo: "Se los digo, se arrepentirán". Me pregunto si, cuando Samuel estaba en su lecho de muerte, alguien se le acercó y le dijo: "Viejo, tenías razón. Lamentamos mucho haber pedido rey. Saúl fue todo lo malo de lo que predijiste que sería. Por favor, antes de morir, perdónanos". Dudo que eso haya sucedido alguna vez. Dudo que haya recibido una sola disculpa en el lecho de muerte.

———

Veamos la historia de este profeta. Samuel fue uno de los más grandes de todos los profetas, así como uno de los primeros y más poderosos. Sus interacciones con varios reyes nos dan una idea esencial del conflicto entre profetas y reyes. La historia de este gran profeta comienza, como todos, con una mujer.

Ana, la madre de Samuel, estaba casada con Elcana. Este detalle puede parecer insignificante, pero era importante para Rashi. Recuerde que estoy usando una lista de profetas formulada por un rabino judío en el siglo doce, un hombre llamado Rashi. Este examinó las Escrituras y escribió una lista de todos los profetas. Algunos de esa lista son famosos, como Abraham. Otros le sorprenderían. Por ejemplo, enumera a Ana y Elcana como profetas. Pero, ¿quiénes eran estos dos? Eran los padres de Samuel. Dado que ellos dieron a luz a un profeta, son honrados entre los profetas.

Ana era estéril. Penina, la segunda esposa de Elcana, humilla a Ana, una crueldad que se repite en varias historias a lo largo del Antiguo Testamento y, hasta cierto punto, en el Nuevo también. Ana, como Sara, clama al Señor. Ella jura que, si el Señor le diera un hijo, lo dedicaría a Dios por toda su vida. El Señor le concede su oración y cuando Ana se da cuenta de que está embarazada, de hecho, dedica su bebé a Dios, al menos parcialmente como nazareo. Hay algunas similitudes más con otras conocidas

Lea la historia:

1 Samuel 1.

historias bíblicas. La madre de Sansón, por ejemplo, dedicó a su hijo como nazareo. Elisabet también dedicó a Juan el Bautista como nazareo.

———

Es importante que sepamos qué era un nazareo, ya que no eran necesariamente profetas y no todos los profetas, de hecho, pocos de ellos eran nazareos. Los nazareos eran una orden dedicada de hombres muy consagrados que hacían votos importantes, incluido el de no beber vino. De hecho, el voto era tan severo que un nazareo ni siquiera debía entrar en un viñedo o tocar una uva. Tampoco se cortaban el pelo, nunca. Debían llevar vidas santas y apartadas. Esos votos no eran fáciles de cumplir. Sansón, por supuesto, falló miserablemente con los suyos. Juan el Bautista sí mantuvo el suyo. Samuel también cumplió con el suyo, aunque solo se menciona uno, que no se cortaba el pelo.

Hay otro tema importante en la historia de Ana. La Escritura dice: "Ana elevó esta oración: 'Mi corazón se alegra en el Señor; en él radica mi poder. Puedo celebrar su salvación y burlarme de mis enemigos. Nadie es santo como el Señor; no hay roca como nuestro Dios. ¡No hay nadie como él!'".[4]

¿Le suena familiar esa forma de expresarse? Debería. En él escuchamos la canción que cantó María cuando se enteró de que estaba embarazada: "Mi alma glorifica al Señor, y mi espíritu se regocija en Dios mi Salvador, porque se ha dignado fijarse en su humilde sierva. Desde ahora me llamarán dichosa todas las generaciones, porque el Poderoso ha hecho grandes cosas por mí. ¡Santo es su nombre! De generación en generación se extiende su misericordia a los que le temen".[5]

Además de las semejanzas entre Ana y María, también hay una similitud entre Ana y Elisabet. Sus hijos, Samuel y Juan el

Bautista, se parecen. Hay un paralelo entre Ana y la madre de Sansón porque ambos hijos eran nazareos. Finalmente, está la experiencia común de Ana y Sara porque esta última tuvo un conflicto con Agar mientras que Penina afligía a Ana. Cada uno de estos paralelos insinúan los propósitos proféticos del hijo de Ana. Cada uno indica lo que debemos buscar en la historia.

Es importante que entendamos el escenario del siguiente episodio de la vida de Ana. Ella va a Silo, donde está Elí —el sumo sacerdote— y donde también descansa el arca del pacto. Ella es tan apasionada ante Dios mientras ora que se arrodilla, meciéndose hacia adelante y hacia atrás, y orando con gran energía. Es probable que usted haya visto personas orando de la misma manera si ha visitado el Muro Occidental de Jerusalén. El estilo de oración de Ana se multiplica allí por miles. Los judíos se balancean de un lado a otro, derramando sus más sinceras peticiones a Dios. Sin embargo, la oración que se ofrece allí es tan apasionada que se le conoce como el Muro de las Lamentaciones.

Esto nos ayuda a comprender a Ana. Penina la tortura. Ella siente que no es nada. Por eso, agoniza en oración, balanceándose hacia adelante y hacia atrás y moviendo silenciosamente sus labios mientras da a conocer sus sentimientos a Dios. Elí la observa. Supone que está borracha, por lo que la reprende. Así que le dice: "¿Apareciste aquí borracha? ¿Qué estás haciendo? ¿Por qué no renuncias a esta embriaguez y cambias de vida?". Ella le responde: "No estoy borracha. Soy una apasionada del Señor. Estoy llorando por un bebé". Y entonces Elí, que está en la lista de los profetas de Rashi, dice: "Vete a casa. Vas a tener uno".

Hay un pequeño y fascinante pasaje en la oración de Ana a Dios. En un momento, ella dice la frase "Jehová de los ejércitos". Esta es una de las primeras veces que se usa ese nombre de Dios en la Biblia y lo dice una mujer. ¿Significa ejército una multitud? ¿Ángeles? ¿La gran cantidad de estrellas que Dios ha creado? ¿O Dios del ejército de todo el pueblo judío?

Uno de los escritores rabínicos hace un comentario interesante sobre esto. Él cree que Ana discute con el Señor: "Eres un Dios de muchos, eres un Dios de huestes angelicales, eres un Dios de infinidad de estrellas, eres el Dios de las huestes angelicales del pueblo judío, ¿y ni siquiera me darás un hijo?". Este rabino dice que ella reta a Dios con esas palabras.[6]

¡Qué fascinante! Aquí hay una verdad importante. Nuestro Dios es un Dios grande. Si alguna vez ha llegado a ese momento en el que ha retado a Dios con sus palabras, créame, eso le agrada a él. No se va a enfadar con usted. No le va a matar. Todo está bien. Usted puede derramar su corazón con toda sinceridad ante Dios. De hecho, a él le agrada porque esa oración es signo de un acercamiento a la intimidad con él, casi una relación cara a cara, que es exactamente lo que Dios desea. Además, es característica de algunas oraciones no litúrgicas, judías y más sensatas en la tierra.

¿Ha visto la película *El violinista sobre el tejado*? Es la historia de Reb Tevye, un campesino judío en la época de los pogromos rusos, cuando hubo mucha persecución de los judíos. Tevye habla con Dios a lo largo de la película como si se estuviera dirigiendo a una especie de "gran tipo". Como lo hace a veces el salmista, confronta a Dios con sus quejas. En un momento dado, va de camino a casa con su caballo después de entregar la leche, cuando el jamelgo se queda cojo. Reb Tevye mira al

cielo y dice: "Dios mío, ¿era esto necesario? ¿Tuviste que dejarlo cojo precisamente antes del *Sabbat*? Eso no me parece bien.
Es suficiente que me molestes... pero ¿qué tienes contra mi
caballo? En verdad, a veces pienso que cuando las cosas están
demasiado tranquilas allá arriba, te dices a ti mismo: 'Veamos.
¿Qué clase de travesura puedo hacerle a mi amigo Tevye?'".[7]
Este personaje sufriente tiene una interacción casi íntima con
Dios. Por supuesto, esto realmente no concuerda con nuestra
teología. Sabemos que Dios no está en el cielo decidiendo a
cual caballo molestar. Aun así, esta es una forma interesante
de considerar la oración de Ana, una oración muy confrontati-
va, que reta a Dios.

Nueve meses más tarde, nace el bebé. Ana lleva al pequeño
Samuel a Elí, tan pronto como es destetado. Ella ha hecho un
trato con Dios: "Si me das un bebé, dejaré que lo críen en el
tabernáculo". En cumplimiento de su voto, confía a Samuel
al sumo sacerdote, que debe criar al niño como si fuera suyo,
como si Elí fuera el padre adoptivo que lo va a educar y a ense-
ñar. Tenga en cuenta que Samuel es un niño.

También debemos saber que Elí tiene dos hijos naturales,
Finees y Ofni, que son todo un fracaso en lo moral y lo sacerdotal. Son sacerdotes, pero son corruptos y verdaderamente
malvados. Una noche, mientras Samuel está durmiendo, escucha una voz que lo llama. Cree que es Elí. Se levanta de su
lecho, va hacia Elí y le dice: "Aquí estoy; me llamaste". Elí le
responde: "No te llamé; vuelve a tu cama y acuéstate".

La voz vuelve a decir: "¡Samuel!". Y el chico se levanta y se
dirige a Elí. "Aquí estoy; me llamaste".

"Hijo mío", le dijo Elí, "no te llamé; vuelve y acuéstate".

La tercera vez el chico entra y Elí, al fin, cae en cuenta. Entonces le dice: "Ve y acuéstate, y si te llaman, di: 'Habla, Señor, que tu siervo escucha'".[8] Ese es el comienzo de la relación íntima y profética de Samuel con Dios para toda la vida.

Es interesante observar que Elí esté incluido en el listado de profetas de Rashi. He reflexionado sobre eso a menudo. ¿Por qué estaría Elí en esa lista? ¿Será porque identifica a ese niño como alguien espiritualmente significativo? ¿Será porque le profetiza a Ana que tendrá un bebé y el resultado es el gran profeta Samuel? Quizás sea todo eso pero, independientemente de la razón que tuviera, Elí está entre los profetas.

También es interesante notar que cuando se trata de Elí, tenemos que recordar una de las cosas más importantes que hemos aprendido sobre los profetas: aunque eran grandes, también tenían fallas y defectos. Elí, en particular, tenía fallas enormes. La más significativa era que no se ocupaba de los pecados de sus hijos.

Durante el servicio de Elí como sumo sacerdote, los filisteos atacaron al pueblo. La derrota era inminente. Parecía que todo se perdería. A los hijos de Elí se les asignó la tarea de llevar el arca del pacto al campamento israelita. Mientras hacían eso, los israelitas empezaron a vitorear la presencia del arca. La respuesta de los filisteos es fascinante: "Dios ha entrado en el campamento. ¡Ay de nosotros...", por lo que se sintieron aterrorizados.[9]

Al principio, los filisteos se sintieron intimidados por el repentino e inesperado entusiasmo que manifestaban los israelitas. En su paganismo, los filisteos atribuían la ovación y los vítores a la llegada de un dios al campo enemigo. Finalmente, y por desdicha para los israelíes, prevaleció una voz con sereno aliento. "¡Ánimo, filisteos!", gritó, "¡Sean hombres!".[10] Y se desplegó la batalla. El gozo entre los israelíes por la llegada del arca duró poco y dio paso al desastre absoluto.

Considere que podemos pensar que usaremos un entusiasmo momentáneo para intimidar al enemigo, pero eso no nos dará la victoria. Todos los vítores, toda la ovación, todo el volumen, todo el simbolismo religioso del mundo no pueden darnos la victoria si Dios no está con nosotros. Los filisteos, en el principio, se sintieron intimidados por todos aquellos vítores. Pero luego se dan cuenta de que son solo gritos, meramente emocionales, naturales y sin poder espiritual alguno. El simple ruido no es una forma de ganar en la guerra espiritual. No hay poder en ello, no hay triunfo ni victoria. Los filisteos van a la batalla y los aniquilan. Es una tragedia completa. Mueren Finees y Ofni, y los filisteos capturan el arca del pacto.

Hay una lección vital para nosotros en esto. El fervor religioso —agitarse y emocionarse— no es realmente clave para la victoria. Es alegría pasajera. No cambia el resultado del conflicto. No es una verdadera guerra. Además, puede ser una distracción de la verdadera batalla.

Hay una nota al margen importante en lo que sucede a continuación. Debido a su gran victoria, los filisteos tienen en su posesión el arca del pacto. Sin embargo, Dios los castiga tan severamente por haberla capturado que se la devuelven a los israelitas. Aquí hay una historia de fondo que a menudo pasamos por alto en nuestras Biblias. Créame, en hebreo está muy claro. Para decirlo sin rodeos, Dios les da hemorroides a los filisteos. De hecho, las hemorroides son tan horribles que los filisteos se dan cuenta de que están bajo juicio y se movilizan con desesperación para deshacerse del peligroso objeto que han capturado.

Lo gracioso de esto es ineludible. Sin embargo, el dolor que Dios les dio a los filisteos apenas alivió la devastación que había caído sobre Israel. Cuando capturaron el arca y se perdió la batalla, Finees y Ofni murieron. Cuando Elí escuchó eso, cayó de espaldas, se rompió el cuello y murió. La esposa de Finees, que estaba embarazada, se puso de parto debido a la terrible derrota, la pérdida del arca y la muerte de su esposo, su suegro y su cuñado. Por lo tanto, le puso por nombre al bebé Icabod, que significa: "la gloria de Israel había sido desterrada".[11] No se podrían haber dicho palabras más acertadas. La batalla se había perdido. El arca del pacto había sido capturada. El padre, el abuelo y el tío del bebé habían muerto. La gloria ciertamente se había ido de Israel.

Bonito nombre, ¿verdad? Curiosamente, el nombre Icabod se hizo famoso en la cultura estadounidense debido al cuento de Washington Irving llamado "La leyenda de *Sleepy Hollow*". En esa historia, un duro maestro de escuela que vive en las colonias americanas es perseguido por la leyenda de un soldado que perdió la cabeza en la batalla y la está buscando. El nombre del maestro es Icabod Crane, lo que suena hasta gracioso. La historia es de gran humor y diversión, pero ese nombre, Icabod, debería recordarnos aquel momento en la historia de Israel cuando la gloria se había ido y un niño fue llamado Icabod para conmemorar la tragedia.

Todas esas muertes. Toda esa horrible y humillante derrota. ¿Podría salir algo bueno de todo eso? El sumo sacerdote y sus dos hijos han muerto. ¿Quién podría liderar a Israel ahora? La respuesta a ambas preguntas es Samuel. Samuel era ese buen líder que Dios instó a dar un paso adelante.

Poco después de ese episodio, hay una frase reveladora sobre Samuel en la Biblia: "Jehová estaba con él, y no dejó caer a tierra ninguna de sus palabras".[12] Y, en verdad, ni una palabra cayó a tierra. Eso es por lo que oro cuando voy a predicar. Cualquier buen maestro o ministro ora con esas palabras. Sin embargo, he estado en servicios de adoración en los que predican un sermón que casi me hace morir de vergüenza antes de llegar siquiera a la primera fila. No obstante, la mejor predicación profética llega directamente al corazón de los oyentes. Ni una palabra cae a tierra. Esta es quizás la verdad más importante sobre el ministerio de Samuel. Cada vez que hablaba, cada palabra daba en el blanco y, gradualmente, el pueblo de Israel comenzó a confiar más en él.

En las Escrituras podemos ver la manera en que Samuel se eleva hasta convertirse en una especie de líder "experto en tres áreas". Es un profeta. También sirve como sacerdote, ya que a menudo ofrece sacrificios. Y, además, actúa como juez. Esto es importante ya que aparece en la historia al final del período de los jueces y justo antes del período de los reyes. Recuerde, él es —en cierto aspecto— paralelo a Juan el Bautista, que estuvo con un pie en el Antiguo Testamento y otro en el Nuevo. Primero, Juan anunció que "el Mesías vendría". Luego, declaró: "El Mesías está aquí". De la misma manera, Samuel tiene un pie en el Libro de los Jueces y otro en los libros de Samuel, Reyes y Crónicas. Es Samuel el que marca el inicio de la época de los jueces y marca el comienzo de la era de los reyes. Samuel es una de las figuras más transcendentes de la historia de Israel.

Samuel está presente cuando el pueblo se alza y dice: "Queremos un rey. Queremos ser como otras naciones. Danos un rey. No queremos tener que perseguir a un profeta y orar. Danos un rey que nos dirija, organice un gobierno y una nación. Queremos un rey". Samuel les responde: "No va a ser como ustedes piensan. Creen que quieren un rey, pero este reclutará a sus hijos y los enrolará en el ejército. Si quiere los caballos de ustedes para sus soldados, los tomará. Así que tengan cuidado con lo que piden".

Sin embargo, la gente insiste. "¡Queremos un rey! ¡Queremos un rey!". Finalmente, Dios le dice a Samuel: "No te están rechazando a ti. Me están rechazando a mí".

Cada vez que la palabra de Dios se declara con poder, con unción, y los oyentes se enojan, estos no se rebelan tanto contra la persona que está predicando esa palabra, sino con la fuente de esa palabra. Este es tanto el dolor como el consuelo de la predicación profética. La ira y el rechazo pueden muy bien venir, pero el rechazo no es al predicador sino al Señor.

Asimismo, Dios les dice a todos los que declaran su verdad: "Sean humildes. Cuando los receptores reciben la palabra que predican, no los reciben a ustedes. No se atribuyan demasiado crédito".

Ahora llegamos a la interacción de Samuel con Saúl, el hombre elegido para ser rey. Recuerde que Samuel tiene la tarea de ungirlo. Saúl tiene características físicas que lo elogian. Es el hombre más alto de la nación, cabeza y hombros más altos que ningún otro. Si se supone que los reyes son grandes y fuertes, Saúl es perfecto; él mira la parte. Más allá de su apariencia, Saúl tiene una gran virtud que no es tan común en los reyes. De hecho, Saúl se niega firmemente a ser rey. Él dice: "No, no quiero ser rey. ¡No, no, no!" y se esconde entre las maletas y el equipaje.[13] Sigue insistiendo: "No quiero ser rey, no soy rey. Solo soy un trabajador fuerte, no quiero eso". Su apariencia física y su humildad se combinan para darle al reinado de Saúl un comienzo esperanzador. Más allá de todo ello, él es —simplemente— la elección de Dios.

Esto plantea un problema, ¿le parece? ¿Se equivocó Dios en cuanto a Saúl? ¿Está equivocado acerca de cómo resultará Saúl? Dios no comete errores, ¿verdad? Entonces, ¿cómo interpretar esto? ¿Está Dios levantando a Saúl para castigar a Israel dándoles uno que resultará ser un mal rey? Difícilmente parece probable que Dios sea gruñón. De hecho, este problema se reduce a lo que creemos sobre el libre albedrío. En otras palabras, ¿es siempre inmutable lo que Dios conoce de antemano? ¿O podemos cambiar el camino elegido por nuestras acciones? Si Dios sabe que vamos a pecar, ¿podemos elegir no pecar? ¿O su conocimiento nos limita?

Saúl no era un títere moral. Tomó sus propias decisiones y arruinó su propia vida. Así como nosotros, que siempre tomamos nuestras propias decisiones. Siempre tenemos libertad de elegir. Aun así, esta historia siempre se dirigió a la realeza de David. Saúl fue responsable de la ruina de Saúl, pero David siempre fue el destino de la historia.

Samuel unge a Saúl y lo hace rey. Casi de inmediato comienza un enfrentamiento entre la unción profética de Samuel y la autoridad real de Saúl. Cuando Saúl está a punto de ir a la batalla, Samuel declara: "Estaré allí el séptimo día. Espérame y no vayas a la batalla hasta que yo venga y traiga un sacrificio". La humildad era una virtud de Saúl. La impaciencia y la carnalidad estaban entre sus debilidades. Cuando el sol comienza a ocultarse, Saúl entra en pánico. El día casi termina. Saúl, siempre impaciente, ofrece el sacrificio. Cuando llega Samuel, le dice: "¿Qué has hecho? Y Saúl respondió: "Vi que el pueblo se me desertaba, y que tú no venías dentro del plazo señalado". Samuel afirma: "¡Estaba en camino hacia acá!".[14] Haríamos bien en recordar lo que Saúl olvidó. Nuestro Dios es un "Dios puntual". Los errores más grandes de la Biblia, los que tienen las mayores consecuencias, fueron cometidos por personas que no esperaron en Dios. Apresúrese con su plan, como hicieron Abraham y Sara, y puede dar a luz a un Ismael que le perseguirá por el resto de su vida. Espere el tiempo de Dios siempre, no importa cuán nervioso o impaciente se ponga.

Samuel también le había dicho a Saúl: "Así que ve y ataca a los amalecitas ahora mismo. Destruye por completo todo lo que les pertenezca; no les tengas compasión. Mátalos a todos, hombres y mujeres, niños y recién nacidos, toros y ovejas, camellos y asnos". Ese tipo de mandamiento nos resulta difícil de digerir, pero tenga en cuenta que estamos leyendo una historia del Antiguo Testamento. De él podemos extraer esta verdad: Dios tiene el derecho de juzgar a cualquiera de nosotros en cualquier momento. Una persona puede pensar que va a tener una vida larga, hermosa y saludable, hasta con tiempo para un largo arrepentimiento en el lecho de muerte, pero Dios puede marcar el boleto de cualquiera en cualquier momento que lo quiera. Así como hizo con los amalecitas. El mandato profético de Samuel fue claro: "Los amalecitas son muy malvados y perversos. Destrúyelos por completo".

Samuel llega al lugar de la batalla y descubre que Saúl ha salido victorioso. Una vez allí, Samuel pregunta: "¿Mataste todo el ganado como te dije?". Lo que sigue es como una parodia de *Los Python*.

Lea la historia:

1 Samuel 15.

SAMUEL: ¿Mataste todo el ganado como te dije?

SAÚL: Seguro que lo hicimos. Los matamos a todos.

SAMUEL: Bueno, eso me parece gracioso. Escucho unas ovejas.

SAÚL: Está bien... bueno. Muy bien, conservamos algunas de las ovejas.

SAMUEL: ¿Por qué te apoderaste de algunas de las ovejas?

SAÚL: Las vamos a ofrecer como sacrificio. Pero, al resto, lo matamos todo.

SAMUEL: Qué gracioso, ahora escucho el mugido del ganado.

SAÚL: Bueno... está bien, está bien. No matamos todo el ganado.

Esto es extraordinario. Es como las conversaciones que probablemente ha tenido con su adolescente:

"¿Limpiaste la casa?".

"Absolutamente".

"¿Por qué no pasaste la aspiradora por este piso?".

"Bueno... está bien, no la pasé".

Samuel debe estar cansado en ese intercambio:

SAMUEL: Bueno, ¿qué pasa con los amalecitas? ¿Los mataste a todos?

SAÚL: Bueno... en cuanto a los amalecitas... los matamos, a todos.

SAMUEL: Está bien. ¿Quién está en tu tienda?

SAÚL: Bueno... el rey. Conservamos al rey.

SAMUEL: ¿Está Agag en tu tienda?

SAÚL: Sí. Bueno... matamos al resto de ellos, pero mantuve a Agag. Está en mi tienda.

Imagínese el siguiente momento conmigo. Samuel se vuelve a dirigir a Saúl. Está enfadado. Sostiene una espada. Entonces le dice: "Lo has arruinado todo. ¡Arruinaste todo! Desobedeciste a Dios". Saúl responde lastimeramente: "Solo guardé las cosas para el sacrificio". Eso, por supuesto, es mentira. Después de todo, no iba a sacrificar al rey.

A esas alturas, Samuel dice unas de las palabras más importantes que se ven en toda la Biblia: "¿Qué le agrada más al Señor: que se le ofrezcan holocaustos y sacrificios, o que se obedezca lo que él dice? El obedecer vale más que el sacrificio, y el prestar atención, más que la grasa de carneros. La rebeldía es tan grave como la adivinación".[15] ¿Por qué es eso cierto? Es una declaración profética fascinante para un rey, que es una autoridad natural. *Rebeldía* es una palabra tóxica para cualquier monarca. La rebeldía que pasa por alto al rey forma una especie de poder sustituto. Eso es motín. Eso es rebelión. Lo que Samuel está diciendo es: "¿Qué pasa si alguien tiene un ejército y viene contra ti? ¿No es eso rebelión? Eso es lo mismo que brujería, porque la brujería pasa por alto la autoridad sobrenatural y la voluntad de Dios de buscar otro camino hacia el poder".

Samuel le estaba aclarando a Saúl: "Le has hecho eso a Dios, lo cual es como un acto de brujería. Dios te quitará tu reino y se lo dará a alguien más que hará lo que él diga". Con eso, el profeta Samuel simplemente se voltea para alejarse. Mientras lo hace, Saúl agarra el borde del manto de Samuel y se lo arranca. Bajo una unción profética, Samuel se vuelve hacia Saúl y le dice: "Hoy mismo el Señor ha arrancado de tus manos el reino de Israel, y se lo ha entregado a otro más digno que tú".

La respuesta de Saúl es intrigante. Ni siquiera discute. No se rehúsa. Simplemente dice: "Está bien. Lo acepto. Pero te pido que por ahora sigas reconociéndome ante los ancianos de mi pueblo y ante todo Israel. Regresa conmigo para adorar al Señor tu Dios". En otras palabras, lo que está diciendo en esencia es: "El hecho de que Dios se haya apartado de mí y que a los ojos de él ya no soy el rey, está bien. Pero déjame ser rey a los ojos de la gente. Hagamos esta farsa frente al pueblo".

Me asombra la respuesta de Samuel. Podríamos pensar que diría: "¡No, no voy a hacer eso! ¡No!". Sin embargo, Samuel responde: "Está bien. Si eso es todo lo que quieres. ¿Solo quieres este espectáculo aparente? ¿Solo quieres estar en el estrado real con la corona? Sabes que eso es vacío. Sabes que no significa nada. Sabes que Dios te lo ha quitado, ¿verdad? Sabes que el verdadero rey está en otra parte. ¿Sabes todo eso, y solo quieres sentarte en el trono, usar la corona y que yo ore por ti? Bien".

Después de eso, Samuel hace lo que Saúl no hizo. Exige que le traigan a Agag, "y Samuel descuartizó a Agag delante del Señor en Guilgal".[16]

Entonces, ¿cómo interpretamos eso? Creo que Dios es un buen Dios. No nos engaña solo porque no oremos con las palabras adecuadas. También creo que Dios a veces nos permite conformarnos con lo externo y lo superficial, si eso es todo lo que queremos. Si todo lo que usted desea es el elogio público, Dios ciertamente puede permitir que lo obtenga. Es como si él le dijera: "¿Es eso todo lo que deseas? ¿Solo quieres ser el más famoso? ¿No te importa ser el mejor? ¿Solo quieres problemas? Está bien. Si eso es lo que quieres, te complaceré".

A partir de ese momento, Saúl ya no es el verdadero soberano. Es rey solo de nombre. Samuel no vuelve a hablar con él personalmente y se interna en una época misteriosa de su vida. Se dirige a Ramá, cerca de Belén. Recuerde que Samuel ungió a Saúl en el nombre de Dios. Ahora ha rechazado a Saúl en el nombre de Dios. En Belén, en la casa de Isaí, unge como rey al hijo de Isaí, David.

Por lo general, los predicadores y maestros enfocan esta historia en David. En vez de eso, intente verlo desde el punto de vista de Samuel. Lo que

Lea la historia:

1 Samuel 16:1-13.

está a punto de hacer es traición. Ya hay un rey. El profeta que unge a un nuevo monarca es culpable de sedición.

Asimismo, tenga en cuenta que Saúl es el hombre más alto de la nación. David es el hijo más pequeño de la familia de Isaí. El encuentro es tan fascinante que, debido a esa diferencia física entre los dos hombres, incluso a un profeta como Samuel le parece extraña la actitud de Dios. Debo confesar que me encanta cuando leo donde los profetas se equivocan. ¡Me da un pequeño nivel de esperanza para mi vida!

Recuerde la escena. Los hijos de Isaí entran uno por uno, los seis hijos mayores. Y Samuel piensa: "Está bien, este es un gran tipo, muy fuerte. No es tan grande ni tan fuerte como Saúl. No parece tan real como Saúl, pero está cerca". Así que, su impulso natural es elegir al hombre de estatura real, uno que sea físicamente tan parecido a Saúl como sea posible. Sin embargo, Dios dice: "Ese no es". Luego pasa otro y Dios dice: "Ese tampoco es". Eso sucede seis veces más. Entonces Samuel le pregunta a Isaí: "¿Son estos todos los hijos que tienes?", como si el padre se hubiera olvidado de uno. Isaí dice: "Sí, claro, tengo otro. Es un chico raro. Lo traeré. Pero solo debo decirte que es un chico muy extraño". Y el muchacho que se convertirá en el rey David entra, procedente del campo.

Tenga en cuenta que David no ha estado involucrado en nada hasta ese momento. No sabe por qué está Samuel allí. No sabe por qué se celebra esa misteriosa reunión en la casa de su padre. Es solo un niño pequeño quemado por el sol. Imagínese la escena. El chico entra en su casa y dice: "¿Me llamaste?". De repente, un anciano, extraño para David, se acerca a él, le echa aceite en la cabeza y luego se va.

En este punto de la historia de Samuel, se hace cada vez más evidente que es un personaje misterioso y algo temeroso. Es una figura oscura y profética sobre la que descansa la unción de Dios. Cuando llega a Belén, los ancianos le dicen: "¿Estás aquí para hacernos daño o para ayudarnos?". Están pensando que él podría hacer bajar fuego y matarlos a todos. "¿Estás enojado con Belén? Si estás enojado, ¡dinos!". Sin embargo, Samuel unge a David y se va. Los ancianos de Belén se sienten aliviados. Curiosamente, esa es la última vez que David y Samuel están juntos, hasta que David tiene que huir de la presencia de Saúl.

Quiero tener el cuidado de mantener nuestras cámaras enfocadas en Samuel y no en David. Aun así, tenemos que saber la historia de David para conocer el contexto de la de Samuel. Después que David mató a Goliat, Saúl lo ascendió y se casó con la hija de Saúl, Mical. Con el tiempo, Saúl se puso celoso de David a causa de todas sus victorias y su gran aceptación entre el pueblo. La envidia y el miedo se apoderaron de Saúl, por lo que se dispuso a matar a David.

Medite en la vida de David más allá de los titulares. Era solo un chico cuando un tipo viejo y extraño repentinamente entró en su vida, lo ungió como rey de Israel y, de repente, se fue. Algún tiempo después, tras sus asombrosas victorias, David se convirtió en una celebridad. Entonces, la ira de su suegro le arrancó la plataforma y David tuvo que huir. Había sido una estrella internacional, el yerno del rey, un héroe célebre. Casi de la noche a la mañana se convirtió en un forajido con un precio por su cabeza. ¿A dónde puede ir? Acude a Samuel, por supuesto.

En ese momento, Samuel es una estrella que se desvanece. ¿Recuerda lo que le dije? Fue profeta, sacerdote y juez. Ahora hay un rey en Israel y Samuel es un anciano que se desliza lentamente hacia la oscuridad. Es el anciano Sam Houston. El rey Saúl, a quien Samuel ungió, está en funciones. Sin embargo,

Lea la historia:

1 Samuel 19:18-22.

hay un nuevo rey a quien Samuel también había ungido. Durante ese tiempo dramático y tumultuoso, ¿qué hizo Samuel? Se fue a Ramá y abrió una escuela para formar profetas.

Un oficial jubilado de la Fuerza Aérea me dijo una vez que llega un momento en el que uno deja de volar aviones y comienza a entrenar pilotos. Como yo ya soy viejo, me encuentro precisamente en esa situación. Alguien me preguntó: "¿Sigues pastoreando iglesias?". A lo que respondí: "Bueno, no. Estoy en remisión". Este no es el momento para pastorear iglesias. Entreno pastores. Enseño a otros pastores. Dirijo y enseño en el Instituto Nacional de Liderazgo Cristiano. Me identifico con Samuel en esa última etapa de su vida, aunque no con su unción profética. ¡Eso se debe a que tengo cierto nivel de sentido común!

Entiendo a Samuel, el anciano profeta. Se desvanece, está envejeciendo. Así que va a Ramá e inicia una escuela para profetas. Es una especie de escuela bíblica de montaña, algo un poco salvaje. Cuando David está en crisis, sube allá para esconderse con Samuel. Ahí es cuando ocurre una de las escenas más sobrenaturales en la vida de Samuel.

Saúl se entera de que David está en Ramá con Samuel, por lo que envía soldados para arrestar a David. Cuando los soldados llegan, encuentran a David y a Samuel con otros profetas. Curiosamente, el poder de Dios se apoderó de los soldados y comenzaron a profetizar. El espíritu de profecía que está en la escuela de Samuel, en la cima de la montaña, se derrama sobre los emisarios de Saúl y ellos profetizan. No son profetas, pero están profetizando. No sabemos lo que decían pero, presumiblemente, están profetizando sobre David. Han venido a arrestarlo, pero terminan declarando: "¡Bendito sea David! ¡Dios te ha levantado para reemplazar a Saúl!". Ante aquello, se meten el rabo entre las piernas y se dirigen hacia el rey Saúl.

Saúl vuelve a enviar otro destacamento de soldados. Ocurre lo mismo. Envía un tercer destacamento de soldados. Vuelve a suceder lo mismo. Cada vez que los soldados regresan a Saúl, él les pregunta: "¿Lo mataron?". Pero ellos dicen: "Bueno... Su Majestad... el asunto es que... es como una escena muy complicada allá arriba". Finalmente, Saúl se dice a sí mismo: "Si vas a hacer que maten a alguien, también puedes hacerlo tú mismo". Entonces ordena un destacamento de soldados y sube con ellos a Ramá. Cuando llega, de repente, el mismo espíritu de profecía que se había apoderado de los soldados se apodera de Saúl. Es una escena extraña. Saúl se quita toda la ropa. Se desnuda y se echa en el suelo a los pies de David. Saúl, a su pesar, profetiza. ¡Qué clase de escena! Claramente, Dios está protegiendo de manera sobrenatural a David en presencia de Samuel. Considere que Samuel es el centro de todo eso. Su unción está en la escuela, y ahora cae sobre Saúl, de modo que este se queda acostado en el suelo toda la noche profetizando el propósito de Dios para David. Nada de eso sucede porque David esté presente. Sucede porque Saúl está en presencia de Samuel.

La interacción final entre Saúl y Samuel no es una historia fácil de asimilar. De hecho, es uno de los pasajes más problemáticos de toda la Biblia, Antiguo o Nuevo Testamento. Tiene una especie de inquietud que se siente más shakesperiana que bíblica. ¿Recuerda las escenas de brujas en *La tragedia de Macbeth*: "Dios te salve, Thane de Cawdor"; "Doble, doble, trabajo y problemas"?[17] ¿Recuerda cómo Macbeth se encuentra con esas brujas en medio de la niebla y la penumbra? Esta perturbadora escena en las Escrituras es así de inquietante. Para nosotros los cristianos, es extremadamente difícil superarlo. Cualquier profesor o escritor que aborde el asunto tiene dificultades para dar una explicación completa y satisfactoria de la historia.

Así es como se desarrolla. Saúl está a punto de pelear su terrible batalla final contra los filisteos. Sabe que eso será decisivo y está aterrorizado. Si gana, será una victoria legendaria. Si pierde, morirá; los filisteos lo matarán. También sabe que

Samuel está muerto. La muerte de Samuel significa que el rey Saúl no puede recibir instrucción de Dios. No hay presencia profética ni liderazgo en su vida. Intenta orar. No le llega nada. Puede llegar un momento en el que usted tiene a Dios con los brazos rígidos por tanto tiempo que no responda.

Las palabras de Samuel seguramente resuenan en los oídos de Saúl: "La rebeldía es como brujería". Saúl ha estado en una campaña por todo Israel para deshacerse de todos los magos, brujas, hechiceros y aquellos con espíritus familiares. Sin embargo, ahora está desesperado por obtener información sobrenatural. En ese momento, después de haber hecho todo lo posible para limpiar la tierra de brujas y hechiceros, Saúl se dirige a una de ellas.

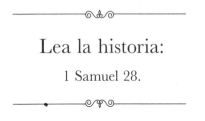

Lea la historia:

1 Samuel 28.

Lo extraño lleva a lo insólito en esta historia. Saúl pregunta: "¿Alguien sabe dónde hay una mujer con un espíritu familiar?". La gente responde: "Hay una mujer en Endor". El rey Saúl se disfraza, se dirige a la bruja de Endor y le exige: "Quiero que me invoque a alguien". Sorprendentemente, la bruja responde: "¿No sabes que Saúl ha hecho esto ilegal? No hago esto ya que estás tratando de que me maten". Saúl responde: "Te lo aseguro, no te pasará nada, te protegeré. Te lo aseguro". La mujer no sabe quién es ese individuo, pero llega a un acuerdo con él. Luego Saúl le dice: "Quiero que invoques a Samuel". Le está pidiendo que participe en nigromancia. Samuel está muerto y Saúl le pide a la bruja que lo llame desde el más allá. No se nos explica la mecánica real de la bruja, pero todo lo que hace funciona. De repente, aparece Samuel. La bruja ha conjurado a un fantasma.

La Biblia nos dice que cuando la bruja ve a Samuel, de pronto también reconoce a Saúl. En el momento, aquello no tiene sentido para nosotros, ¿le parece? Quizás Samuel apareció y dijo: "Salve, rey de Israel". Quizás hizo una reverencia. No sabemos cómo ni qué sucedió. Sin embargo, cuando la bruja ve a Samuel y reconoce a Saúl, se enfurece. "¡Eres Saúl! ¡Me engañaste! ¡Me vas a matar!". A lo que Saúl responde: "No te voy a matar. ¡No voy a herirte! Dime que ves". Esto es interesante porque implica que Saúl no puede ver a la persona o fantasma que la bruja puede ver. Ella hace lo que le pide Saúl y le dice lo que está viendo: Veo a un anciano con un manto. El manto es un símbolo del oficio y la unción del profeta.

Ese simbolismo es tan obvio que cuando se menciona el manto, Saúl dice: "Debe ser Samuel. Debe ser Samuel". En ese momento le habla a Samuel, o al espíritu de Samuel. Y le pregunta: "¿Qué va a pasar mañana?". Samuel responde: "Vas a perder contra los filisteos, y mañana a esta hora tú y todos tus hijos estarán conmigo entre los muertos".

Al día siguiente, Saúl es derrotado y su cadáver yace en el monte Gilboa.

¿Qué significa toda esa extraña escena? Puede que llegue a diferentes conclusiones en los años venideros, pero esto es lo que creo en este momento acerca de esa situación de la Biblia tan difícil de interpretar. La bruja, como todas las hechiceras, trafica con falsificaciones. Por lo tanto, sabe de prestidigitación. Usted sabe cómo es eso. Arrojan algo al fuego y aparece una nube de humo. "Ah, veo a tu tío. Pongan las manos sobre la mesa, todos". ¿No es así? Solo un truco. Nada más. Sin embargo, cuando Samuel realmente aparece, ¡la mujer se aterroriza! No espera un fantasma, pero aparece uno.

Hay una línea interesante en la Biblia que agrega algo de profundidad a este episodio. Recuerda que Saúl pregunta: "¿Qué ves?". Si miramos las notas en una Biblia Reina Valera, encontramos que la palabra que la bruja usa cuando responde es "dioses". La palabra real es dios con una d minúscula. Literalmente, ella dice: "He visto dioses que suben de la tierra".[18] La palabra en hebreo es *elohim*, "el poderoso". De hecho, dice: "Veo un ser poderoso que sube de la tierra". Aquí va la pregunta: ¿Puede ella realmente invocar a los muertos? ¿Es realmente Samuel el que se aparece? Es un asunto muy conflictivo. He aquí lo que creo que sucedió. Pienso que la bruja estaba planeando engañar al desconocido que tenía al frente. Así que lanza sus hechizos y comienza con sus encantamientos, tal vez con toda la parafernalia habitual. Mientras ocurre todo ese despliegue de farsas, Dios dice: "Oye, ¿sabes lo que creo que haré? ¿Quieres a Samuel? Aquí está Samuel". Creo que Dios intercede, pero no para honrar a la bruja. ¡Dios no haría eso! Ella está absolutamente dedicada a la brujería. Tratar con los muertos es prohibido por Dios, lo que está bastante claro en las Escrituras. Creo que Dios intervino en un proceso que, de otro modo, sería oculto, permitiendo que el gran profeta Samuel profetizara una última vez a un rey caído y condenado.

La otra posibilidad es que todo fuera brujería y que, de alguna manera, la hechicera podía invocar muertos. Sin embargo, tengo problemas con eso. No creo que ese nivel de brujería realmente funcione. Mi creencia fundamental es que Dios intervino en todo el asunto: "¿Quieres una palabra de Samuel? Pues te daré unas palabras de Samuel". Deja que aparezca el espíritu de Samuel. Dios puede hacer eso. Dios puede transmigrar entre el mundo sobrenatural y el mundo natural. Jesús lo hizo. Mi conclusión es que Dios engañó a la bruja y a Saúl. "¿Quieres lidiar con los muertos? Aquí hay un profeta muerto. ¿Quieres saber cuál es la verdad? Aquí está. Estarás muerto antes de que el sol se ponga mañana".

La interacción entre el joven Saúl y el profeta Samuel comenzó maravillosamente con humildad y gracia. Terminó con oscuridad, muerte, denuncia, separación y pérdida. Finalmente, en el campo de batalla, Saúl se suicidó. Su colapso no es algo que pueda verse aparte del conflicto entre reyes y profetas, entre lo terrenal y lo divino, entre la autoridad efímera de Saúl y el poder trascendente y sobrenatural de Dios que opera a través del siervo de Dios.

Permítame concluir este capítulo con una historia personal. Cuando tenía veinticinco años, en 1972, comencé a pastorear mi primera iglesia. Un anciano de esa congregación me contó un relato asombroso de su infancia. Parece que su padre era anciano en la iglesia de santidad de la localidad y esa iglesia había contratado a un nuevo predicador. El predicador escuchó que había un señor que se dedicaba a destilar licor ilegalmente en las colinas. Ese predicador de la santidad tomó la audaz decisión de hacerle una visita a domicilio. El anciano, que era un niño cuando sucedió eso, dijo: "Mi padre tenía el único auto Modelo A en la iglesia, así que le dijo al predicador: 'Yo lo llevo'". Condujeron hasta la casa del destilador de licores, y este salió al porche delantero con una escopeta y gritando: "Vuelva a su coche".

El anciano recordaba ser un niño pequeño sentado en el asiento trasero de ese Modelo A, con su papá al volante. Cuando el destilador les ordenó que se fueran, el predicador salió valientemente y dijo: "No soy un justiciero. No soy del gobierno. Soy pastor". El hombre le respondió: "Sé quién es usted. Así que vuelva a su auto". Cuando el predicador se acercó al hombre, este se le vino encima y lo golpeó en la frente con la palma de la mano. Habiendo golpeado al pastor, volvió a decir: "Vuelva a su auto". El predicador dio un paso atrás y dijo: "¡Así dice el Señor! Has tocado al siervo de Dios. Así que yo te tocaré". Luego volvió al auto y se fueron.

A casi un mes de ocurrido el hecho, el chico iba con su papá cuando vieron a varias personas que estaban mirando por encima de un desnivel al costado de la carretera. Su padre detuvo el automóvil, le dijo al niño que se quedara ahí y se acercó a ver qué pasaba. Regresó un momento después y dijo: "Te llevaré a ver algo". Agarró al niño de la mano y lo guio hasta el lugar del suceso. En la parte más profunda estaba el camión de los licores ilegales. El padre dijo: "Ven aquí. Eres lo suficientemente grande para ver esto y no quiero que lo olvides nunca". Así que padre e hijo se apresuraron a bajar por la ladera y abrieron la camioneta. El destilador estaba muerto. La columna de la dirección del vehículo le había atravesado la frente.

Destilador o monarca, la verdad no la empaña ni el paso de los siglos. Oponerse al poder soberano de Dios es la puerta al desastre. Saúl se negó a obedecer y eso lo destruyó. Comenzó como David, como el rey elegido, enviado y ordenado por Dios. Pero terminó su vida en brujería y locura. El instrumento clave en el choque entre Dios y los reyes desobedientes bien puede ser un profeta. El destilador agresivo que se atrevió a tocar al hombre de Dios terminó muerto en un ladera. El rey de Israel cayó sobre su propia espada en el árido monte Gilboa. Extraño, ¿no? Sus terribles muertes ocurrieron con tres mil años de diferencia, pero en cuanto al hecho de la muerte son iguales.

LECCIONES DEL VIEJO DOCTOR MARK SOBRE SAMUEL

La obediencia parcial es desobediencia.

Dios, a través de Samuel, le ordenó al rey Saúl que matara a todos los amalecitas con todo y su ganado. Saúl se quedó con lo mejor del ganado y le perdonó la vida al rey de Amalec. La parte más patética de la tragedia es que Saúl realmente pensó que había obedecido. Él no solo le estaba mintiendo a Samuel; también se estaba mintiendo a sí mismo. Ese tipo de autoengaño es el peor de todos.

Cualquiera que sea la orden, los grandes líderes hacen lo que Dios les dice que hagan: todo lo que se les dice, cuando se les dice. Los líderes que se engañan a sí mismos agarran atajos, redefinen las órdenes y al fin se convencen a sí mismos de que realmente obedecieron.

Imagínese por un momento que Dios le dijo que condujera por los Estados Unidos. Si maneja hasta la mitad y regresa, ¿cuántas veces tendría que hacer la mitad del viaje para que iguale el viaje completo? ¿Dos veces? ¿Qué pasa con una cuarta parte del camino? ¿Cuatro veces? No se pueden sumar múltiples episodios de obediencia parcial e igualarlos ni siquiera a un momento de obediencia absoluta.

Los grandes líderes hacen lo que se les dice. No cortan caminos. Se niegan a ofrecer a Dios medias tintas. No renuncian nunca, hasta que terminan el trabajo. La obediencia parcial es desobediencia.

Discierna los capítulos de su vida.

La vida está escrita en capítulos, por lo que uno lleva al siguiente. Avanzar con gracia y dejar un capítulo, incluso el más agradable de ellos, para sumergirse en el siguiente es, en realidad, el meollo de la ciencia de la vida. Samuel había disfrutado de una gran temporada como profeta y juez. Cuando llegó el momento de hacerse a un lado y dejar que Saúl tomara el escenario, fue difícil para el viejo profeta, pero lo hizo. Escuchó a Dios y siguió adelante.

Había sido un profeta joven, un profeta muy joven y formador de reyes, en su mejor momento; pero en el siguiente capítulo trató de ser un profeta anciano, un profeta ausente y hasta olvidado. El último capítulo trataba sobre ser un juez tan grande como Gedeón o Jefté. En el próximo capítulo se convertiría en un ex juez, por así decirlo, viviendo en una pequeña, misteriosa y remota escuela en las colinas de Ramá. Además, en el siguiente capítulo estaba salvando al joven David del endemoniado rey Saúl. ¿Y si no hubiera podido seguir adelante?

Aquellos que se aferran a uno u otro capítulo, negándose a seguir adelante, se convierten en enanos emocionales. Aquellos que temen el próximo capítulo a menudo arruinan el mismo capítulo en el que se quedan demasiado tiempo y luego pierden lo que Dios tiene para ellos. Los grandes siervos de Dios siguen adelante. Dejan que las páginas pasen como Dios quiere. El que es el autor de cada capítulo también será, al final de todo el libro, su finalizador.

CAPÍTULO 5

Natán y un desastre real

Pero aquella misma noche la palabra del Señor vino a Natán y le dijo: Pues bien, dile a mi siervo David que así dice el Señor Todopoderoso: "Yo te saqué del redil para que, en vez de cuidar ovejas, gobernaras a mi pueblo Israel. Yo he estado contigo por dondequiera que has ido, y he aniquilado a todos tus enemigos. Y ahora voy a hacerte tan famoso como los más grandes de la tierra".

—2 Samuel 7:4, 8-9

ME GUSTA COLECCIONAR objetos históricos. Una de las piezas interesantes que tengo es una hebilla del cinturón de un soldado alemán muerto durante la Batalla de las Ardenas. La hebilla tiene un círculo con una corona sobre la cual se posa un águila con una esvástica en sus garras. En ella están grabadas las frase alemana *Gott mit uns*, que significa "Dios con nosotros". El soldado nazi que llevaba ese cinturón en la batalla, con la determinación de matar a los estadounidenses, representaba un sistema y una visión que era pura malignidad. Sin embargo, el soldado, en su corazón creía que Dios estaba de su lado. Al menos, usó esas palabras en la batalla. Esa hebilla del cinturón habla claramente del problema cuando la política y la profecía se mezclan o chocan.

La historia está repleta de ejemplos de esta combinación de política y profecía. La extremadamente compleja Guerra de los Cien Años entre Francia e Inglaterra comenzó en 1337. Su conflicto más famoso fue la Batalla de Agincourt, conmemorada por Shakespeare en su gran obra *Enrique V*. Toda la guerra fue un asunto dramático y sangriento, particularmente la interacción entre Carlos VII de Francia y Enrique VI de Inglaterra.

En 1425, la guerra había ido tan mal para Francia que la nación estaba en peligro de ser sometida por completo. Sin embargo, las circunstancias empezaron a cambiar cuando una joven campesina ignorante y analfabeta afirmó que había recibido algunas visiones de unos santos franceses. La chica dijo que los santos le habían dicho que fuera al Delfín, el aparente heredero del trono francés, y le dijera que Dios la había enviado para ayudar a los franceses a ganar la guerra y luego ponerlo en el trono.

Lo interesante es que los franceses estaban ansiosos por creerle. Hubo dos razones. Una era la pregunta, ¿y si ella tiene razón? En otras palabras, ¿qué pasaría si realmente hubiera visto esas visiones y estuviera diciendo la verdad? La segunda era que los franceses estaban perdiendo tanto que se dieron cuenta de que si la dejaban hacer lo que quería y seguían perdiendo, podían culparla. Así que le permitieron hacer lo que pedía, que consistía en usar una armadura de hombre y dirigir las tropas. La marea de la guerra cambió de inmediato. Fue un episodio realmente extraño en la historia. Aquella adolescente llamada Joan, a pesar de llevar una armadura de hombre en la batalla, no llevaba una espada. Dijo que llevaría un bastón con una bandera cuando se dirigiera a la batalla, que es exactamente lo que hizo. Finalmente fue herida por una flecha en una de las grandes batallas, pero había algo en ella que inspiró a las tropas francesas y la marea de la guerra se volvió a favor de Francia.

Es obvio que las visiones que recibió, como católica romana practicante que era, eran sumamente políticas y su liderazgo era completamente militar. Finalmente, Juana de Arco, como llegó a ser conocida, participó hasta en los consejos militares y actuaba como consejera. Con el tiempo, fue capturada por un grupo de franceses que eran favorables a los ingleses. La vendieron a los anglos, que la acusaron de muchos delitos, entre ellos blasfemia y travestismo. La condenaron por hereje y la quemaron en la hoguera.

Más tarde, Juana de Arco fue canonizada por la Iglesia Católica Romana. El desafío al considerar a Juana de Arco es este: ¿Recibió ella esas visiones de Dios? ¿Le importaba siquiera a Dios quién ganara la Guerra de los Cien Años? ¿Fueron sus visiones reales? ¿Fueron fabricadas? Lo segundo con lo que luchamos es esto: si fueron reales, ¿por qué los británicos la quemaron en la hoguera? Si no eran reales, ¿cómo llegó a meterse tan profundamente en el corazón de la política y el ejército franceses? Ella era una adolescente que ni siquiera sabía leer. Vea a dónde voy con esto. Siempre es peligroso cuando la revelación, los sueños y las profecías sirven a fines políticos y militares. Puedo darle un ejemplo más personal. Hablé en la capilla de una universidad hace algunos años, cuando enfrentábamos unas elecciones nacionales. En mi charla dije que no le decía a la gente cómo votar y que no iba a respaldar a un candidato del podio. Sin embargo, les dije que personalmente no votaría por un candidato que nombrara jueces para el tribunal dispuestos a fallar a favor del aborto. Le dije a la audiencia que el aborto era un tema importante para mí, así que tuve que preguntarme qué candidato se comprometería a nombrar jueces opuestos al aborto.

Después de mi intervención, la esposa de un miembro de la facultad se me acercó. Estaba absolutamente furiosa. Me dijo: "Usted usó la plataforma de esta universidad para lidiar con un tema político. Eso no debería suceder nunca". En respuesta, le dije: "Señora, quiero hacerle una pregunta. ¿Qué pasa con todos los predicadores del sur en las décadas de 1920, 30, 40 y 50 que usaron esa misma excusa y no trataron con el pecado nacional de la segregación? Se escondieron detrás de la misma pared que usted está describiendo. ¿Qué pasó con el doctor King cuando habló? ¿Fue un profeta de esta nación o fue un político? Ahora, señora, hay momentos en que la iglesia debe hablar. ¿Qué pasa con la esclavitud? ¿Era eso un problema político? Ciertamente, libramos una guerra muy política por ello. ¿Fue un problema político o espiritual? ¿Puede un hombre poseer a otro hombre?". La señora, curiosamente, respondió: "Bueno, veo su punto. Pero el aborto es diferente". Sin embargo, no se tomó el tiempo para explicar la distinción.

Aquí está la principal lección de todo esto. Cuando los profetas y los políticos coinciden, el asunto se vuelve peligroso. Se desordena. El rey siempre es político. El profeta es una voz de otro mundo o, al menos, ¡eso esperamos! Cuando los dos entran en conflicto por asuntos políticos, a menudo es feo, desorienta y deja más preguntas que respuestas. Cuando los dos están de acuerdo puede ser peor, dependiendo de quién esté de acuerdo con quién.

Esta advertencia sobre la intersección de lo profético y lo político yace en el meollo del ministerio del profeta Natán y su relación con el rey David. Con su aparición en escena, todo cambió. Abraham era profeta, como vimos, pero su única conexión real con los reyes era luchar contra ellos, huir de ellos o ceder ante ellos. La relación de Samuel con los reyes se resume a ungir a Saúl, confrontar a Saúl y luego retroceder cuando Saúl se alejó de Dios. Fíjese, él no tenía intimidad con Saúl. También ungió a David en Belén y luego desapareció hasta que David huyó de la presencia de Saúl. Luego David fue a Ramá, donde Samuel dirigía una especie de escuela bíblica carismática para profetas. Es importante notar que cuando David dejó la escuela de los profetas en Ramá, Samuel desaparece de la vida de David. Samuel fue un profeta en relación con los reyes pero, como con Abraham, no tuvo intimidad con ninguno.

Samuel era un profeta relacionado con dos reyes importantes e impresionantes, pero no tenía una relación personal con ninguno de ellos. Hubo una temporada, aunque breve, en la que David se escondió en Ramá, pero no tenemos ningún relato del tiempo que David y Samuel estuvieron juntos allí. Además, creo que Samuel era un hombre misterioso e intimidante, un tipo no dado a la intimidad. Cuando murió, David se lamentó, tal vez no tanto por la pérdida de un amigo como por la pérdida de una figura icónica nacional y un recurso nacional sobrenatural. Las vidas de los profetas fueron en general solitarias, sin intimidad entre ellos y los reyes a quienes guiaban. Eso fue especialmente cierto para varios, incluido Moisés, que no tenía una relación real con el faraón, a menos que se pueda llamar al combate a muerte una "relación". Asimismo, la única conexión íntima de Abraham con la realeza fue la interacción asombrosamente íntima pero fugaz y singular con el misterioso Melquisedec, el rey de Salén.

Con la llegada de Natán a la escena, las cosas cambiaron. Natán es mucho más político. Se involucra en todo el tumulto de la casa de David: las intrigas, los disturbios y las conspiraciones. Natán incluso ayuda a David y Betsabé a derrotar un intento de golpe de estado por parte del hijo de David, Adonías. Este es un cambio, como lo es el hecho de que no hay milagros que acompañen al trabajo de Natán. No hay nada sobrenatural, ninguno de los acontecimientos inusuales que acompañaron al ministerio profético de Samuel.

Contemple los muchos incidentes extraños en la vida de Samuel. Uno fue que después de su muerte, estaba el complicado asunto de la bruja de Endor invocando a Samuel, o lo que parecía ser Samuel, de entre los muertos. Luego está el incidente en el que Saúl y su ejército intentan repetidamente arrestar a David en Ramá. Terminan profetizando. Presumiblemente, profetizaron bien sobre David. Finalmente, llega un frustrado Saúl, que termina quitándose la ropa, tirado en el suelo desnudo frente a David y nuevamente, debemos asumir, profetizando la bendición del futuro rey.

Natán parece tener poco de la personalidad profética esperada. Es una voz de autoridad piadosa en la vida de David. Estaba estrechamente relacionado con la corte de David. De hecho, el hermano de Natán, Joel, era uno de los principales líderes militares de David. Cuando la Biblia registra a los poderosos de David, sus héroes, también registra a aquellos treinta que eran los líderes, los mejores de los mejores y, Joel, aparece en la lista.[1] Así de estrechamente relacionados estaban Natán y su familia con la corte y la familia de David.

Otra diferencia es que Samuel fue profeta de una nación. Se ocupó de los reyes. Se ocupó del curso de toda la nación hebrea. Natán fue profeta, sin duda, pero lo fue para David. Como veremos, su relación con David se hizo cada vez más estrecha a medida que envejecían. Se podría decir que era el sacerdote de la familia. Algunos profetas fueron profetas "en la tierra". Se podría decir que Natán fue un profeta "en la casa".

Este nuevo tipo de profeta con un nuevo enfoque obliga tanto al rey como al profeta a reevaluar quiénes son. El rey se pregunta: "¿Cómo puedo equilibrar la autoridad y el poder que tengo en un trono secular, en un reino, con un profeta que viene a mí y me dice: 'Soy de Dios'?". El profeta pregunta: "Soy profeta de Dios. ¿Cómo funciona eso en los reinos de este mundo? ¿Quién soy yo en esa situación tan tensa? ¿Cuál es mi verdadero papel? ¿Qué significa para mí la proximidad y el acceso al rey? ¿Qué significa eso para el rey? ¿Qué significa para las personas que gobierna? ¿Qué significa para mí y, lo más importante de todo, qué significa para Dios?".

Este es el desafío para el "profeta en la casa". Cuanto mayor sea el favor que Dios da a los líderes religiosos con los líderes políticos, mayor será su acceso a los líderes políticos y mayor será su responsabilidad. Tengo un bajo nivel de responsabilidad para hablar con los presidentes de Estados Unidos. Nunca me han llamado a la Casa Blanca ni a la oficina del primer ministro del Reino Unido. Sin embargo, hay personas que tienen mucho acceso a líderes políticos de alto nivel, no solo a presidentes. En casos como esos se aplica el mismo principio: a mayor acceso y favor, mayor responsabilidad.

Primero conocemos a Natán cuando trata con David sobre el tema del templo. David quiere construir un templo para Dios. Habla con Natán y le dice: "Quiero construir un templo". Al principio, Natán aprueba entusiasmado la idea. Más tarde regresa ante David con una profecía revisada, que en apariencias se siente como una reprimenda. "Así dice el Señor: 'No me construirás casa. Yo soy Dios. Soy el constructor'".

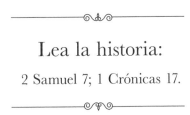

Lea la historia:

2 Samuel 7; 1 Crónicas 17.

Comprensiblemente, eso se siente como un rechazo. Entonces Natán le dice: "Sin embargo, tu hijo la construirá".

La respuesta de Dios se completa al agregar el dato sanguíneo. David era un hombre de guerra. ¡Siempre lo fue! Dios quería un hombre de paz para que construyera el templo. Esto debe haberle dolido un poco. David era un hombre de carne y hueso, además de guerrero; desde Goliat en adelante había estado luchando contra los enemigos del pueblo de Dios. Por otro lado, Dios a través de Natán extiende dos grandes promesas de gracia. Una es que Dios le construirá una casa a David. Por supuesto, no se refiere a un edificio, sino a una dinastía. Esta es una promesa fenomenal. Segunda, Dios promete que, aunque David no construirá el templo, el hijo de David lo hará. Con eso, el rey se apacigua por completo y alaba a Dios gratamente por la respuesta profética.

Sin embargo, el punto más destacado es que toda esa conversación es el contexto en el que conocemos a Natán y el que enmarca la naturaleza de toda su relación con David. No debe pasarse por alto ni a la ligera el hecho de que el propio Natán sufre una pequeña reprimenda divina. Es como si Dios le dijera al profeta: "Mira, consulta conmigo antes de responder. Esto es importante". David y Natán están aprendiendo juntos esta relación entre profeta y rey. La aparición de Natán en la vida de David no es única. El tema del templo y si David debía construirlo es el comienzo de una relación de por vida enormemente complicada entre el rey y el profeta, una relación que terminó solo con la muerte del rey.

Por un lado, este es un severo recordatorio del poder y la autoridad profética de Dios sobre los líderes políticos y seculares. Sin embargo, también es un recordatorio amoroso y lleno de gracia de la participación de Dios en el pacto con nosotros. Dios puede castigarnos, reprendernos y regañarnos, pero luego se voltea y dice: "Sin embargo, solo quiero que sepas cuánto te amo, mi pacto contigo todavía está vigente". Natán jugó ese papel en la vida de David y dejó en claro que David y Dios tenían un hermoso pacto juntos, pero había límites.

Natán es el primero de una nueva generación de profetas, un profeta de la corte. No es el misterioso Samuel, que aparece de repente en momentos propicios. Tampoco es Moisés, que viene del desierto como el viento para enfrentarse al faraón y destruir su ejército. Natán es más un cortesano, un sacerdote de palacio por así decirlo, un consejero personal con más que sabiduría común. Ciertamente fue profeta, aunque uno residente. Incluso más que eso, era un elemento fijo en la corte. Más tarde, esos profetas de la corte, seducidos por su proximidad al poder, se convirtieron en trampas peligrosas para los siguientes reyes de Israel y Judá. Natán amaba a David, le servía con lealtad y lo aconsejaba bien, pero Natán nunca fue un adulador tolerante.

Natán no aparece en la historia de David en relación con el templo porque se abalanza sobre él con una instrucción divina. Es convocado. David lo llama para anunciar y obtener la aprobación de Dios en cuanto a su plan de construir un templo. Ese debe haber sido un momento extraordinario para el profeta de la casa de David pero, por desdicha, Natán comenzó con un paso en falso. El plan lucía tan bien que, en vez de esperar escuchar a Dios, Natán responde de modo espontáneo. Solo más tarde, después de escuchar a Dios, Natán va de regresó al rey con una respuesta profética.

Es evidente que Natán aprendió de ese primer comienzo en falso. Su capacidad para escuchar a Dios y su valiente disposición para decirle al rey David lo que escuchó prepararon a Natán para el gran momento decisivo de su vida. Después de tres mil años, la voz de Natán todavía resuena con cuatro palabras que lo hicieron eternamente famoso y cambiaron el corazón de un rey: "Tú eres ese hombre".[2]

Después de su encuentro con David con respecto al templo, la próxima y mucho más dramática entrada de Natán es sobre el asunto de Betsabé. Esta vez no fue convocado por David. Su fácil acceso al rey es indicativo de la estrecha relación existente entre ellos. Natán aparece ante el rey David con la historia de un hombre rico que roba y devora al cordero de un pobre. La historia de Natán es ahora tan famosa que puede parecer menos que notable para el oyente moderno, pero era una alegoría brillante llena de patetismo y muy bien diseñada para despertar el sentido de justicia de David. También sirvió perfectamente como carnada para la trampa del profeta.

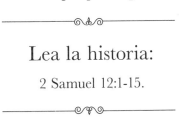

Lea la historia:

2 Samuel 12:1-15.

El clamor de indignación de David por el robo del cordero y el juicio de que el perpetrador merecía morir por tal crimen era exactamente lo que Natán esperaba. Señalando con el dedo el rostro de su rey, el profeta del palacio demostró que no era un adulador empedernido con el papel de profeta. "¡Tú eres ese hombre!".

El momento es dramático y lleno de implicaciones. El valor de Natán en ese momento se subestima fácilmente. Se habla mucho de la célebre respuesta de David, de su arrepentimiento con el corazón quebrantado y su posterior renovación. De hecho, se debería hacer mucho al respecto. Escribí extensamente sobre esto en mi libro *David el Grande*. Habiendo dicho eso, el extraordinario valor profético de Natán a veces puede pasarse por alto.

Sus palabras no son el consejo amistoso de un profeta interno que anuncia la decisión de Dios en cuanto a quién ha elegido para construir el templo. Esta escena recuerda mucho más a Juan el Bautista criticando el adulterio incestuoso del rey Herodes. A diferencia de Herodes y el Bautista, la relación íntima entre David y Natán complica la escena sin fin; sospecho fuertemente que es mucho más difícil para un "profeta en casa" denunciar públicamente a su amigo y rey. Ciertamente hizo falta audacia. David fácilmente podría haber ordenado que ejecutaran a Natán en el acto. Si bien el quebrantamiento de David es saludable, el arrojo de Natán es notable.

Sin embargo, ese no es el final de la escena. Primero, Natán expone los pecados combinados de David: adulterio, conspiración y asesinato. Eso solo podría haber sido una misión suicida para Natán. Luego, cuando David admite el pecado, Dios envía a Natán para anunciar el terrible castigo. El bebé concebido en adulterio debe morir y la familia de David se llenará de división. Esta debe haber sido una obligación ingrata para Natán. ¿Quién no preferiría anunciar la gracia y la reconciliación de Dios en lugar del juicio, la muerte y el dolor, y quizás lo peor de todo, toda una vida de caos familiar?

Considere lo que Dios le pide a Natán que le diga a David. "El bebé va a morir. Vas a pasar el resto de tu vida con enemigos que han de perseguirte. Además, tu familia se va a llenar de rebelión y alguien va a abusar de tus esposas a plena luz del día". Antes de decirle cosas como esas a un rey, es mejor que haya escuchado y se haya asegurado de que eso lo dijo Dios. Obviamente, Natán había tenido noticias de Dios. Todo lo que él habla se cumple. Cada una de esas profecías se hacen realidad. El destino del rey está sellado. David pelea, ora y clama a Dios, pero el bebé muere. David no puede hacer nada al respecto. Además, no hay paz para David dentro de su entorno familiar por el resto de su vida.

La vida de David está llena de guerras, tal como lo predijo Natán, y su familia está llena de rebelión. Hay dos grandes golpes de estado liderados por sus hijos Absalón y Adonías. Luego, cuando Absalón se apodera de Jerusalén y expulsa a David, quedan diez concubinas para cuidar el palacio. En su feroz odio por su padre, Absalón instala una tienda en el techo del palacio y las viola metódicamente a cada una de ellas. Así se cumple aquella terrible profecía.

Hay una lección importante en todo esto para nosotros. Todo el mundo quiere profetizar tiempos felices: bendición, prosperidad, gozo y bondad. Se necesita un profeta serio y experimentado para que diga: "Sé lo que has hecho. El bebé morirá. Vas a tener toda una vida de guerra y derramamiento de sangre. Tu familia se llenará de rebelión. Además, alguien va a violar a tus esposas a plena luz del día porque le quitaste la vida y la novia a alguien". Solo un profeta puede declarar tal mensaje, solo un hombre de Dios que ha escuchado la voz de Dios. Ningún miedo al rey puede disuadirlo de decir la verdad.

David confiesa. Se arrepiente. Poco después, Betsabé concibe otro hijo, al que llaman Salomón. Y Natán dice: "Este niño gobernará en tu lugar".[3] Entonces, la profecía del castigo, las dificultades y el bebé que muere es reemplazada por un bebé que vive. El hijo de la culpa y la muerte es reemplazado por el hijo de la gracia. ¿Qué marcó la diferencia? Un rey arrepentido, sin duda, pero el poder catalizador fue un profeta intrépido que reveló y reprendió los pecados secretos de ese rey.

Hace muchos años estuve hablando en una escuela bíblica internacional para la denominación de Santidad Pentecostal, en Londres. Había estudiantes de todo el mundo, pero casi ningún británico. Estuve dando conferencias todo el día y luego cené con ellos. Justo antes de irme, me preguntaron si podía orar con ellos. Quizás había veinte o veinticinco estudiantes en la sala en ese momento.

Caminé por la habitación, colocando mis manos sobre ellos y orando por cada uno de ellos. Finalmente, llegué a un chico del que no sabía nada en absoluto. Cuando puse las manos sobre él, un dolor me atravesó, un dolor físico, latente. Sentí fuertemente que el Señor me habló al corazón para que dijera: "Te he preparado aquí para que vuelvas a tu país y des tu vida". Cuanto mayor te haces, más jóvenes ves a los demás. Me pareció que el joven tendría unos doce años. Recuerdo haber pensado: "Dios, no quiero decirle esas palabras a este chico». En respuesta, Dios me dijo: "Si no puedo confiar en ti con todo el mensaje, ¿por qué iba a dártelo?".

Así que puse mis manos sobre el joven y comencé a llorar. Le dije: "Hijo, cualquiera puede extrañar a Dios, y yo puedo extrañar a Dios más que muchos, pero te voy a contar lo que escuché". Entonces le comuniqué lo que el Señor me había dicho. Cuando lo hice, los maestros y todos los estudiantes comenzaron a alabar a Dios, en voz alta y con entusiasmo. Eso me confundió. Dije: "No estoy seguro de que hayas escuchado lo que dije".

El presidente de la escuela bíblica se me acercó y me dijo: "Escuchamos lo que dijo, doctor Rutland. La razón por la que estamos alabando a Dios es esta: la semana pasada Dios reveló en un servicio profético que este niño volvería a su país y daría su vida. Hoy, cuando usted habló, eso fue un testimonio de la presencia de Dios. No estamos vitoreando en alabanza a Dios porque vaya a morir. Estamos proclamando alabanzas a Dios porque la palabra de Dios es confirmada". Entonces le dije al chico: "¿Cómo te sientes con esto?". Él me respondió: "Todos estos otros estudiantes vinieron aquí para aprender a vivir. Yo vine para aprender a morir".

Nunca olvidaré ese momento. Eso confirma que el ministerio del profeta —y no me considero uno— tiene que estar lleno de lágrimas y temores o no sería real. Cuanto más cerca esté el acceso al trono, mayor será el desafío y mayor el riesgo.

En este punto de la historia de David, Natán desaparece por unos años. Lo vamos a dejar ir, pero volverá. Mientras tanto, surge otro profeta. Su nombre es Gad. En la Biblia, a Gad se le llama tanto profeta como vidente. Es como Samuel, que comenzó siendo llamado vidente, pero la Biblia deja de referirse a él por ese nombre y pasa a llamarlo profeta. Gad es un vidente. La palabra vidente significa exactamente lo que suena: un vidente es una persona que ve las cosas por el poder del Espíritu.

Tenemos un ejemplo de eso cuando Saúl se encuentra por primera vez con Samuel. Saúl está persiguiendo los burros perdidos de su padre y los ha estado buscando por todas partes. Finalmente, alguien dice: "Hay un vidente aquí, e iremos y le preguntaremos, y veremos si puede ver".[4]

Ahora bien, hay falsos videntes, videntes hechiceros, que ven cosas dentro de una bola de cristal o en las hojas de té o cosas por el estilo. Eso es falso y es brujería. Samuel es un hombre de Dios que, además, es vidente; así que cuando Saúl encuentra a Samuel, le pide que vea dónde están los burros. El Señor le muestra a Samuel, pero más allá de eso, ve que Saúl será el próximo rey. Samuel le dice a Saúl: "Vete a casa. Los burros de tu padre han regresado. Tu padre ya no está preocupado por los burros. Está preocupado por ti. Vete a casa". Por tanto, la primera aparición de Samuel es como vidente.

A Gad se le llama vidente con más frecuencia que a Samuel. En el Talmud —los escritos rabínicos sobre el Antiguo Testamento—, los autores le dan crédito a Gad por haber escrito un libro perdido sobre David. También creen que Gad escribió parte de los libros de Samuel. No sabemos eso por las Escrituras, por supuesto, pero muestra cuánta estima tenían los rabinos por Gad.

La aparición inicial de Gad en la vida de David es poco más que un cameo y no da ninguna indicación de cuán importante será el papel que desempeñará más adelante. Esa primera interacción entre David y Gad el vidente es una advertencia. Durante el exilio de David y la huida de su suegro, el rey Saúl, Gad apareció de repente con la advertencia de que no se quedara donde estaba, que no era la fortaleza segura que David pensaba que era.

Ese mensaje simple pero que salva vidas fue el alcance de la primera aparición de Gad. "No te quedes en la fortaleza. Ve a la tierra de Judá".[5] Sencillo pero lo suficientemente apasionante, y debe haber soportado todo el peso de la autoridad profética, porque basándose únicamente en ese breve mensaje, David huye al bosque de Jaret. En otras palabras, las primeras palabras de Gad a David le salvaron la vida. Cuando Gad vuelve a aparecer, es un bien probado, un profeta con autoridad y un mensajero en el que se puede confiar. Y David ciertamente confió en él.

La segunda vez que aparece Gad es más típica del estilo de Natán. David, si recuerda, quería hacer un censo.[6] A Israel se le prohibió hacer censo porque el peso de los números podía atraer al orgullo narcisista del rey. Joab, el general de David, le dice al rey: "No hagas el censo", pero David lo hace de todos modos. Luego, Gad se acerca a David y le declara un mensaje muy inusual. "Dios te va a castigar. Ya está listo. No hay nada que puedas hacer al respecto. Hiciste el censo y Dios te va a castigar. Pero hay tres opciones. ¿Qué prefieres: que vengan tres años de hambre en el país, o que tus enemigos te persigan durante tres meses, y tengas que huir de ellos, o que el país sufra tres días de peste? Piénsalo bien, y dime qué debo responderle al que me ha enviado". David responde: "No elegiré. Solo te diré lo que no quiero. No dejes que caiga en manos de los hombres. Dios es un Dios de misericordia, así que dejaré que Dios decida". Entonces, Dios envía una pestilencia sobre Israel y mueren setenta mil personas.

El dolor y la devastación de una pestilencia tan repentina habría representado un profundo dolor dos vidas. El pecado de David en cuanto al asunto del censo costó setenta mil vidas. David se horroriza, por supuesto, y clama al Señor. "Mátame", dice David. "Esta gente no hizo nada. Mátame". En vez de eso, Dios detiene la pestilencia y envía al profeta Gad con un nuevo mensaje. Esta tercera visita es diferente de cualquiera de las dos primeras y es, según cualquier estimación, la más importante. El resultado de la tercera aparición de Gad todavía se encuentra en el centro mismo del conflicto geopolítico y religioso que aqueja hoy al Medio Oriente.

El mensaje de Gad es que David debía comprar la era de piedra de un hombre jebuseo llamado Arauna u Ornan. Siguiendo las instrucciones de Gad, David compra la piedra maciza y ofrece un sacrificio allí, pero ese no es el final de la historia. Sobre esa enorme piedra, Salomón construye el templo. Sobre esa misma piedra se encuentra hoy la Cúpula de la Roca.

Es imposible exagerar la consecuencia bíblica e histórica de esa única instrucción profética. Cada una de las tres apariciones proféticas de Gad en la vida de David fueron poderosas y tuvieron serias implicaciones para David y para su pueblo. La primera, en la fortaleza, salvó la vida de David. La segunda anunció el juicio de Dios, que significó la muerte de decenas de miles. La tercera trajo sanidad y gracia, además del fin de la pestilencia. Más allá de cualquier argumento, la tercera declaración profética de Gad es la más grande de todas. Gad puede ser un profeta poco conocido para muchos hoy en día, pero fue a través de su profecía que el rey David compró lo que se ha convertido en la roca más significativa en la montaña más importante del país más trascendente del mundo.

A pesar de la importancia de Gad en la vida de David, todavía es Natán, el anciano profeta del palacio, el que está allí al final. Como el fantasma de la Navidad pasada en el *Cuento de Navidad*, de Charles Dickens, con el rey David terriblemente enfermo, Natán reaparece de repente. Llega justo a tiempo para frustrar un intento de golpe de estado diseñado por Joab. El complot fue diseñado para poner a Adonías en el trono en lugar de Salomón.

Con la ayuda de Betsabé y otros, Natán dirige un contragolpe como un político experimentado, y Salomón es ungido rey como Dios lo determinó. Es interesante notar que aun cuando Natán era indiscutiblemente un profeta, al final de su ministerio el viejo profeta resultó ser igualmente hábil en las intrigas reales.

LECCIONES DEL VIEJO DOCTOR MARK SOBRE NATÁN

Cuidado con la seducción del poder.

El propósito del profeta no es agradar a los reyes. De vez en cuando, Dios puede otorgarle a un "profeta" (una persona espiritual) acceso a un líder secular, un político o un oligarca; acceso que puede convertirse en un gran favor. Ese momento es un regalo, no para el profeta, sino para el líder secular. Es un momento peligroso para el profeta, una asignación de alto riesgo que requerirá valor, discernimiento, sabiduría y dominio propio. El líder secular necesita a ese profeta. Necesita la voz de Dios a su oído. Especialmente necesita la severa reprimenda, la confrontación firme y el llamado a la verdad y al arrepentimiento. El profeta no necesita al líder, aunque el favor y el acceso que lo acompañan pueden ser seductores. La atmósfera alrededor de los líderes de esta era presente es tóxica, en especial para los profetas.

Si Dios alguna vez le concede el favor y el acceso a alguna persona rica y famosa, use eso para la gloria de Dios y para el bien de esa persona. Pero cuando se siente a la mesa del poder, ponga cuchillo a su propia garganta.

No ponga palabras en la boca de Dios.

Algunos en el mundo cristiano, por desdicha incluso aquellos que son líderes prominentes, se han vuelto tan arrogantes que osan decir: "Así dice el Señor". Cuando sus "profecías" resultan ser falsas o, en el mejor de los casos, incumplidas, simplemente las olvidan, ignoran lo que han dicho o borran sus huellas con adornos retóricos. O lo peor de todo, acusan a quienes osen responsabilizarlos de ser legalistas y críticos. Errar es humano, pero ese proverbio no es una licencia para usar el nombre del Señor en vano.

El líder no oculta una profecía fallida. Al contrario, se responsabiliza y se disculpa humildemente por lo cometido y escudriña su alma para enmendarse y restaurar lo que deba restituir. Eso es más o menos lo que Natán tuvo que hacer cuando David le dijo que quería construir un templo para Dios. Al principio, el profeta aprobó con entusiasmo la idea de David. Después de escuchar a Dios, Natán tuvo que retractarse de su actitud inicial. Eso no debe haber sido fácil, pero lo hizo. Se humilló ante Dios y ante el rey, y le dijo a David: "No construyas el templo. Eso está reservado para otro".

La lección es sencilla. No ponga palabras en la boca de Dios. Diga solamente lo que haya escuchado decir a él: sin agregar nada y sin recortar nada. Solo diga lo que escuchó de labios de Dios. Una "palabra profética" no es un juego de salón cristiano. Si usted se equivoca, haga lo que hizo Natán y admítalo. Humíllese, discúlpese y comprométase a escuchar mejor, hablar menos y ser responsable.

CAPÍTULO 6

Cuatro reyes, seis profetas y un Dios en movimiento

Un día en que Jeroboán salía de Jerusalén, se encontró en el camino con el profeta Ahías de Siló, quien llevaba puesto un manto nuevo. Los dos estaban solos en el campo. Entonces Ahías tomó el manto nuevo que llevaba puesto y, rasgándolo en doce pedazos, le dijo a Jeroboán: "Toma diez pedazos para ti, porque así dice el Señor, Dios de Israel: 'Ahora voy a arrancarle de la mano a Salomón el reino, y a ti te voy a dar diez tribus. A él le dejaré una sola tribu, y esto por consideración a mi siervo David y a Jerusalén, la ciudad que he escogido entre todas las tribus de Israel."

—1 Reyes 11:29-32

LA HISTORIA Y los nombres a menudo pueden resultar confusos. Quizás, usted como muchos otros, tuvo problemas en la escuela para clasificar los nombres de los presidentes de su país. Creo que muchos estudiantes tienen dificultades con la diferencia, por ejemplo, entre los nombres de Teddy Roosevelt, que pronunciaba su apellido "Roos-a-velt", y Franklin Delano Roosevelt, que lo pronunciaba "Rose-a-velt". Luego estaba John Adams y su relación con John Quincy Adams, y George H. W. Bush con George W. Bush. Cosas como esas pueden resultar confusas para un estudiante.

Los reyes y profetas del Antiguo Testamento presentan un desafío similar. La monarquía unida de Israel se dividió en dos naciones, Judá e Israel. Judá es realmente el corazón del antiguo Israel, pero no se llama Israel. Se llama Judá. La parte separatista de Israel se llama a sí misma Israel, pero no se centra en Jerusalén y no es Judá. Es el reino del norte.

Así que, después de los reinados de Saúl, David y Salomón, muchos reyes en esos dos reinos diferentes tienen el mismo nombre o uno similar. Además, hay varios profetas. Algunos hablan con los reyes de Israel y otros tratan con los de Judá. Unos incluso ministran entre Israel y Judá. Para empeorar las cosas, algunos de los profetas tienen nombres similares y, ¡Dios nos ayude!, algunos de los profetas tienen los mismos nombres que varios reyes.

Si encuentra todo eso confuso, consuélese, no es el único a quien le ocurre. Generaciones de lectores de la Biblia han luchado por mantener eso en claro.

En este capítulo, quiero tratar con cuatro reyes y seis profetas. Dado que hablaré de diez personas diferentes, es importante que mantengamos sus nombres precisos. Hasta el final del reinado de Salomón, Israel se llama simplemente Israel. Eso no es confuso. Luego, después del reinado de Salomón, hay una división. Como expliqué anteriormente, la parte norte de Israel se separa de la parte sur. Esa parte del norte se llama Israel, la parte del sur se llama Judá. ¡Hasta ahora vamos muy bien!

Aquí están los cuatro reyes. El primero es Jeroboán, monarca del reino del norte de Israel. Jeroboán hizo que la gente volviera a adorar a los becerros de oro. El segundo es Asá, el buen rey de Judá. Josafat, rey de Judá, también es un buen rey. Acab, uno de los peores de todos los reyes de Israel, es el cuarto.

Estos reyes interactúan con seis profetas. Otro nombre para este capítulo podría ser "La tumba del profeta desconocido" porque muchos de los profetas que estamos a punto de examinar serán desconocidos para usted. De hecho, casi nadie los conoce. Cuando terminemos aquí, sabrá por qué. Los nombres de esos seis profetas son Ahías, Idó, Jehú, Azarías, Jahaziel y Micaías. Sé que esto se parece a los nombres de los socios de un bufete de abogados de Tel Aviv, pero en realidad son los nombres de algunos profetas de Dios bastante poderosos.

El primero de estos seis profetas es Ahías. Vivió al final del reinado de Salomón y al comienzo del gobierno de Jeroboán, que imperó mucho tiempo. Salomón había caído en pecado al final de su reinado, durante los mismos años en que surgió un joven general llamado Jeroboán. Un día, cuando Jeroboán regresaba de una gran batalla, se encontró con el profeta Ahías en el campo. Los dos hombres se enfrentaron y Ahías hizo algo inusual. Agarró un manto nuevo y, mientras Jeroboán lo observaba, lo cortó en doce pedazos. Mientras dejaba dos de los pedazos a un lado, dijo: "Esos representan a Judá y Benjamín. Dios los mantendrá en la casa de David porque amaba a David. Aunque Salomón ha caído en pecado, esos dos permanecerán en la casa de David. El resto, estos diez aquí, representan a las otras diez tribus". Entonces Ahías colocó los diez pedazos de tela juntos y se los dio a Jeroboán.

Por lo tanto, se predice que Jeroboán se convertirá en el primer rey del reino del norte. Por lo que se convirtió en el enemigo jurado de Salomón. De hecho, es cuando Salomón intenta matar a Jeroboán que el joven general dirige a las diez tribus a separarse y formar ese reino del norte de Israel.

Note que la práctica de ungir reyes por parte de los profetas es constante e importante en todo el Antiguo Testamento. Samuel ungió a Saúl, tal como más tarde ungió a David. Luego Salomón fue ungido por el profeta Natán. Tal vez recuerde que mientras David agonizaba, hubo un golpe de estado dirigido por Adonías. David se levantó en su lecho de muerte, hizo que Natán ungiera a Salomón y así este se convirtió en el rey legítimo. Asimismo, Ahías unge a Jeroboán como rey de un nuevo Israel. Este es el principio: el reinado de reyes a menudo comienza con la declaración y unción de los profetas de Dios, pero eso no siempre determina un buen resultado.

Pronto, Jeroboán comienza a temer que su pueblo se aleje de él por el atractivo de Jerusalén, especialmente el templo, y entonces regrese a Judá. No es difícil de imaginar eso. Jerusa-

Lea la historia:

1 Reyes 12: 26-33.

lén era la capital del antiguo país. Es el eje, el centro. El templo está ahí. La base del pensamiento judaico está ahí. Todo, desde la religión hasta la política, se centra en Jerusalén. Todo el mundo sabe que la mano de Dios está sobre Jerusalén.

Jeroboán quiere cortar esos lazos religiosos y culturales. Para ello, construye un nuevo templo en Betel y erige un nuevo altar. No tiene autoridad para hacer eso. En más, es una blasfemia. Además, en su deseo por modelar algo nuevo, coloca unos becerros de oro, remontándose así a un tema que evoca las ataduras que vemos en el Libro del Éxodo. ¿Recuerda la adoración al becerro de oro que construyó Aarón? Jeroboán resucita eso y dice: "Este es el Dios que te sacó de Egipto. No fue Jehová; en realidad, era este becerro de oro".

Debido a eso, Ahías desaparece de la vida de Jeroboán hasta que el profeta es un hombre viejo, anciano. Durante ese tiempo, pierde la vista y queda ciego. Los dos hombres vuelven a encontrarse cuando el niño pequeño de Jeroboán, que se llama Abías, se enferma. Jeroboán cree que se está muriendo y le dice a su esposa: "Disfrázate para que nadie se dé cuenta de que eres mi esposa. Luego vete a Siló, donde está Ahías, el profeta que me anunció que yo sería rey de este pueblo. Llévate diez panes, algunas tortas y un jarro de miel. Cuando llegues, él te dirá lo que va a pasar con nuestro hijo".

Ahora bien, ¿no es eso algo extraordinario? El profeta es tan viejo que ya está ciego. Sin embargo, Jeroboán le dice a su esposa que se disfrace. Es casi gracioso, ¿le parece? ¿Por qué usaría usted un disfraz para visitar a un ciego? Es obvio que Jeroboán está tan confundido espiritualmente que piensa que ese viejo profeta —que puede ver a través del velo del espacio, del tiempo y ver el futuro— no puede ver a través de un disfraz.

Aun así, Jeroboán tenía razón al temer a los dones proféticos de Ahías, porque antes de que su esposa llegara a su destino, Dios le habla a Ahías y le dice: "La esposa de Jeroboán, haciéndose pasar por otra, viene a pedirte información acerca de su hijo, que está enfermo. Quiero que le des tal y tal respuesta". Cuando la mujer entra en la casa de Ahías, en el momento en

---

Lea la historia:

1 Reyes 14:1-18.

---

que sus pasos hacen ruido, el anciano ciego dice: "Esposa de Jeroboán, ¿por qué te haces pasar por otra?". Solo podemos imaginar ese momento tan aterrador. La mujer ha ido disfrazada a ese lugar para engañar al anciano, y en el momento en que este escucha sus pasos, dice: "Eres la esposa de Jeroboán. Adelante".

Ahías le dice a la esposa de Jeroboán dos cosas. La primera es que su hijo morirá. "Cuando escuché tus pasos, supe quién eras. Cuando tus pasos entren en la ciudad, el niño morirá". En esencia, está diciendo: "Tú, por tu comportamiento, has matado al niño. Cuando regreses a casa, el niño morirá". Y luego dice: "Lleva este mensaje a Jeroboán: Israel será llevado cautivo. El pueblo de Israel, el reino del norte, será llevado más allá del río".

El mensaje para el rey es que él y su pueblo serían capturados y las diez tribus desterradas. Esa profecía no se cumplió durante doscientos años, pero cuando se cumplió, fue una pesadilla.

Es inquietante pero cierto: no hay límite de tiempo para la verdadera profecía. Una vez que Dios revela algo, se desarrolla en el tiempo eterno, no en el tiempo terrenal. Dios puede ver el futuro, puede ver a través de cualquier disfraz, puede ver la realidad de las cosas, para el Dios todopoderoso el futuro es como el pasado. La profecía de Ahías tarda doscientos años en cumplirse, de acuerdo a la manera en que los hombres calculan el tiempo, pero es un chasquido para Dios.

En cuanto al segundo profeta de los seis, por extraño que parezca, nadie está seguro de su nombre. Puede ser Ido. Ese es el nombre que se usa para este hombre en varios lugares del

Talmud, pero recuerde que el Talmud no es el Antiguo Testamento. Es un libro en el que unos famosos rabinos han escrito comentarios sobre el Antiguo Testamento. Son muy importantes en la historia y la cultura judaicas, pero no constituyen las Escrituras divinamente inspiradas. Sin embargo, a veces es útil saber lo que dice el Talmud, y este nos dice que ese profeta desconocido es un hombre llamado Idó. Así que aceptaré esa suposición.

Idó también es llamado "hombre de Dios". En hebreo, esto es *Ish Elohim*. *Ish* significa "un hombre, una persona", es lo que Adán se llamó a sí mismo al principio. *Ish* es Adán e *Isha* es Eva. Por tanto, *Ish Elohim* es "hombre de Dios". Por otra parte, la palabra *nabi* significa "profeta". Es interesante ver que este hombre sea un profeta, un *nabi*, pero las Escrituras lo llaman más comúnmente el "hombre de Dios". Esto nos dice mucho sobre su carácter y el poder de sus dones proféticos.

Cuando Idó va a ver a Jeroboán, las historias comienzan a entrelazarse. Ahías ya le ha profetizado a Jeroboán: "Toma las diez tribus del norte y comienza una nación; serás el rey". Jeroboán luego construye su altar idólatra. Posteriormente, Ahías desaparece de la vida de Jeroboán y va a Siló. La esposa de Jeroboán luego va a Siló para recibir la profecía de que su hijo morirá. Entre esos dos sucesos, Idó llega a la sede de Jeroboán. Profetiza, pero su profecía es única en un sentido: no se dirige a Jeroboán. Se dirige al altar.

De hecho, he visto ese altar. Los arqueólogos lo descubrieron en el norte de Israel en la región de Dan. Mi hijo, Travis, y yo fuimos juntos. Mientras caminábamos sobre uno de los altares falsos mencionados en las Escrituras, hablamos de la caída de las naciones y la devastación de la idolatría. Nunca olvidaré esa conversación. Imagine esa escena. El profeta se acerca al enorme altar idólatra erigido por Jeroboán. Hay gente adorando alrededor de él, ofreciendo sacrificios a su dios falso. Mientras lo hacen, Idó se acerca, levanta las manos y le habla al altar. Él dice: "¡Altar, altar!". Luego profetiza. "Así dice el Señor: 'En la familia de David nacerá un hijo llamado Josías, el cual sacrificará sobre ti a estos sacerdotes de altares paganos que aquí queman incienso. ¡Sobre ti se quemarán huesos humanos!'".[1]

Como puede imaginarse, Jeroboán está furioso. Señala a Idó y ordena: "¡Agárrenlo!". Al instante, el brazo de Jeroboán se paralizó y se le puso como un trozo de madera. Las palabras hebreas literales declaran que su mano "se secó". Se congeló. De hecho, su mano se secó tan completamente que no pudo moverla.

Es algo serio manipular a un verdadero profeta de Dios.

Jeroboán se encuentra ahora en una posición embarazosa. ¿Por qué? Solo hay una persona que puede curar su brazo paralizado, ¡y ese es el profeta al que acaba de ordenar que lo apresen! Al darse cuenta de eso, Jeroboán le ruega al hombre de Dios que le restaure la mano. Aquí está lo asombroso: Idó ora por Jeroboán y lo cura. ¡Asombroso! Idó ora por el rey rebelde y este es sanado. Esa es una historia complicada. Primero, la profecía nunca fue contra Jeroboán, no era nada personal. Era contra el altar. En segundo lugar, incluso en medio de la confrontación profética se manifiesta la gracia sanadora.

Cuando el juicio de Dios viene sobre algo o alguien, no se interponga en su camino. En este caso, el juicio pronunciado fue sobre el altar. Piense en lo que dijo el profeta: "[vendrá] un hijo llamado Josías, el cual sacrificará sobre ti a estos sacerdotes de altares paganos que aquí queman incienso. ¡Sobre ti se quemarán huesos humanos!". Todo lo que Jeroboán tuvo que hacer fue esperar. Sin embargo, señala al profeta y ordena que lo apresen. Mientras lo hace, su brazo se seca, el altar se agrieta y toda la ceniza de los animales sacrificados se derrama, confirmando la profecía. Es entonces cuando Jeroboán dice: "¡Apacigua al Señor tu Dios! ¡Ora por mí, para que se me cure el brazo!", e Idó ora por él y se sana. Sin embargo, Jeroboán nunca habría necesitado ser sanado si no se hubiera interpuesto en el camino del juicio de Dios.

Esta historia se complica aún más. Dios le ha dicho a su siervo, que este *ish Elohim*, no se quede en Israel. "Vuelve a Judá. Vuelve a Siló. Sal de allí. No comas allí, no te quedes allí, no descanses allí, no aceptes la hospitalidad de esa gente". En otras palabras, "Permanece alejado del poder seductor del norte. Declara el mensaje que te he dado y sal de ahí". Cuando la mano del rey Jeroboán está sana, este dice: "Te daré cualquier cosa. La mitad de mi reino. Todo lo que quieras, pero quédate conmigo". El hombre de Dios dice lo que se supone que debe decir: "Aunque usted me diera la mitad de sus posesiones, no iría a su casa. Aquí no comeré pan ni beberé agua". Y se va a su casa.

En el camino, otro hombre sale a encontrarse con el profeta, uno que la Biblia llama "profeta anciano". Note que en esta parte de la historia no hay ningún rey involucrado. Lo que sucede a continuación es de profeta a profeta, profetas cuyos nombres no se dan a conocer. El profeta viejo dice: "Ven y quédate conmigo, visítame, come conmigo. Escuché lo que hiciste. Ven y quédate en mi casa". El *ish Elohim*, el profeta más joven que puede ser llamado Idó, dice: "No. No puedo hacer eso. Dios me dijo que no me quedara aquí". El profeta mayor dice: "Un ángel, obedeciendo la palabra del Señor, me dijo: 'Llévalo a tu casa para que coma pan y beba agua'. Así que no te preocupes".

Idó va y come en la casa del profeta mayor. Mientras ingieren los alimentos, el profeta mayor —de repente— siente que el espíritu de convicción se apodera de él y dice: "Te mentí". Peor aún, el profeta mayor dice: "Te mentí. No vi al ángel del Señor. Solo te quería en mi casa. Ahora vas a morir".

Si usted tiene problemas con esta historia, sepa que no es el único que los tiene. Esta es una de las historias más preocupantes de la Biblia. Después de comer, Idó monta en su asno y se va a su casa. Poco después, un león lo ataca y lo mata. Alguien corre hacia el viejo profeta y le dice: "Un león ha mutilado y matado a un hombre, y está tirado en el camino". El profeta sobreviviente responde: "Oh, sí, ese es Idó. Lo engañé y Dios lo mató". El viejo profeta luego sale al lugar donde ocurrió todo esto. Encuentra tres cosas: el cuerpo de Idó, el león y el asno de Idó. El león aparentemente está haciendo guardia sobre el cuerpo y el burro. El profeta mayor luego carga el cuerpo de Idó en el burro y lo lleva a casa.

El comentario de John Wesley sobre este pasaje revela las diferencias de perspectiva que pueden existir entre generaciones.[2] Recuerde que Wesley vivió en el siglo dieciocho. Lo notable de la historia para Wesley fue algo en lo que probablemente ni siquiera pensaríamos. Dijo: "¡Qué milagro! El león no se comió al burro". Lo que más le llamó la atención fue que en circunstancias normales el león se comería al burro. Francamente, apenas había pensado en eso. Sin embargo, para Wesley, el hecho más notable fue que *el león no se comió al burro porque el viejo profeta lo necesitaba para llevar el cuerpo a su casa*. Esa aplicación práctica fue vana para mí, un hijo de este siglo. Que Dios mantuviera vivo al asno para llevar el cadáver me pareció un milagro trivial, ya que vivo en una época en la que es muy fácil alquilar un camión.

La historia ni siquiera termina ahí. El viejo profeta tenía una tumba y decidió poner a Idó en ella. Luego dio instrucciones: "Cuando muera, entiérrame junto a él en mi tumba".

Ahora bien, no puedo fingir entender todo lo que Dios quiere con esta historia, pero algunas cosas parecen obvias. Primero, cuando Dios le hable, no se deje intimidar por la supuesta espiritualidad de otra persona. Cuando escuche algo de boca de Dios, nadie tiene la autoridad espiritual para alejarle de la seguridad y la certeza de la voluntad divina.

En segundo lugar, sospeche de cualquiera que diga haber visto al ángel del Señor. No estoy diciendo que eso nunca suceda, pero puedo hacerme eco de la Biblia: *pruebe cada espíritu.* Esto es importante. Lamento decir que conozco personas que afirman ver ángeles saliendo de un objeto de madera. Tenga en cuenta que las apariciones angelicales son raras, tanto que son dignas de mención incluso en la Biblia. Ciertamente creo en las apariciones angelicales, pero cada vez que alguien me dice que ha tomado un café con unos ángeles esa mañana, simplemente mantengo un saludable escepticismo. No me convencen solo las palabras. "¡El ángel del Señor me lo dijo!" se dice con mucha facilidad y a la ligera. Tenga cuidado, sea sabio y perspicaz.

En tercer lugar, si alguien le dice que un ángel del Señor dijo algo contrario a lo que Dios le ha dicho o, lo que es más importante, lo que le han dicho las Escrituras, salga de allí. Déjeme decirlo de nuevo, ¡salga de ahí! Nada bueno resultará si permanece cerca de una persona que está tan engañada.

Por último, tenga en cuenta una de las principales lecciones de este libro: las personas que tienen revelaciones espirituales, que pueden ser profetas, no son perfeccionadas por esas revelaciones. Elías fue un profeta que luchó contra la depresión y el miedo. Idó fue un profeta que murió a causa de un estúpido acto de desobediencia. Esos errores e insensateces no invalidaron la autoridad profética en la vida de esos hombres, pero su unción no los protegió de las consecuencias de sus acciones.

Como tal vez sea apropiado para una historia tan inusual, su epílogo no ocurre durante trescientos años. Viene a través del tercer profeta llamado Jehú, que no debe confundirse con el rey sediento de sangre llamado Jehú.

El padre de Jehú era un profeta menos conocido llamado Jananí, que se había enfrentado a Asá, rey de Judá, con respecto a su alianza con Ben Adad, un rey pagano de Siria. Aunque Asá era uno de los buenos reyes de Judá, había hecho una alianza con los sirios para atacar a Israel, el reino del norte. Jananí reprendió a Asá y dijo: "¿Por qué te uniste con estos paganos?".

Jehú, curiosamente reprendió a Basá, rey de Israel, de la misma manera porque asesinó al hijo de Jeroboán y a toda su familia. De hecho, Basá acabó con toda la casa del rey. Jehú también reprendió a Josafat, un buen rey de Judá, por ayudar a

Lea la historia:

1 Reyes 16:1-7.

Acab, un malvado rey de Israel. Hizo la misma pregunta que su padre le había hecho a Asá: "¿Por qué te has unido con este tipo malvado?".

Encuentro esto intrigante. Padre e hijo compartieron un ministerio profético, ambos tenían la autoridad y el poder para hablar con los reyes, y ambos los reprendieron por lo mismo. "¿Por qué estás con Ben Adad, este sirio? ¿Por qué estás con Acab, este malvado rey de Israel?". El hijo se hizo más famoso y prominente que el padre, pero sus ministerios eran similares.

La pregunta de ambos profetas fue la misma. ¿Ayudarás al impío? No estaban instando a los líderes a ser despiadados con los perdidos. Al contrario, estaban desafiando a aquellos que formaron alianzas con líderes impíos. Las asociaciones son difíciles hasta en el mejor de los días. Y, las que se hacen con personas que no siguen a Dios, son francamente peligrosas. Esa fue la base de la reprimenda a ambos reyes: Tenga cuidado de formar relaciones de liderazgo profesional con personas que no están tan comprometidas con Dios como usted. El Nuevo

Testamento dice lo mismo. "No estéis en yugo desigual".[3] Por supuesto, la referencia es al matrimonio, pero la misma verdad es transferible a los negocios y al ministerio. No entre en sociedades comerciales ni pactos de liderazgo con aquellos cuyas vidas y ética no estén comprometidas con Dios. Eso nunca termina bien.

El cuarto profeta con el que quiero tratar es Jahaziel, que aparece por primera vez cuando da una palabra afirmativa para el rey Josafat. Es un momento en el que los moabitas, los amonitas y otros han formado una alianza de ejércitos enemigos y están atacando a Judá. Josafat es un rey bueno y justo de Judá. Ante esa abrumadora invasión, Josafat convoca una reunión de oración. Y dice: "Adoremos al Señor, oremos y busquemos a Dios. No podemos derrotar a este enorme ejército por nuestros esfuerzos".

Es en ese momento que Jahaziel aparece de repente. Curiosamente, no sabemos de dónde vino, no sabemos nada sobre él, excepto algunos nombres en su línea genealógica, pero nunca vuelve a aparecer. Sin embargo, es un profeta importante porque anima a Josafat. Le dice: "¡Estás haciendo lo correcto! Estás haciendo exactamente lo correcto".

Lea la historia:

2 Crónicas 20:1-29.

Esto es importante. Tendemos a pensar que todos los profetas son solo como Natán, que dice: "Tú eres ese hombre". O como Ahías, que se enfrenta a Jeroboán. Pensamos en ellos como seres conflictivos, irritables y duros. Sin embargo, el profeta puede tener un mensaje positivo, de afirmación, y a menudo es lo que hacen en las Escrituras. Jahaziel nos muestra ese lado de lo profético. Él dice: "Estás haciendo lo correcto. Sé valiente. Dios ganará esto de manera sobrenatural. Hay poder en la adoración".

Pasé veinte años en la Iglesia Metodista Unida. Lamentablemente, esa iglesia ahora se está fracturando y hundiéndose. Un movimiento de avivamiento que alguna vez represento a un gran despertar es ahora un choque de trenes en cámara lenta, en gran parte porque hace muchos años el liderazgo se inclinó hacia la izquierda social, teológica y espiritualmente.

Serví en la Iglesia Metodista Unida durante dos décadas. En 1975, Alison y yo recibimos el bautismo del Espíritu Santo. Obviamente, eso cambió nuestras vidas y redirigió todo sobre nuestro ministerio. En 1977, renuncié a mi iglesia metodista e inicié un ministerio evangelístico metodista, predicando el evangelio completo de iglesia en iglesia. Quería predicar el mensaje de Pentecostés a los metodistas. Oré para que Dios me usara de alguna manera para traer avivamiento a la iglesia metodista.

Déjeme decirle que Alison y yo vivimos durante los siguientes trece años, desde 1975 hasta 1988, en constante batalla. Me llevaron ante el obispo principal de la denominación por predicación falsa. En esa reunión tan difícil, el obispo preguntó:

—¿Qué estás predicando?

—Señor, no estoy predicando algo que no haya predicado John Wesley —le dije.

Nunca olvidaré lo que me respondió:

—John Wesley no podría ser ordenado en la iglesia metodista de hoy.

A lo que respondí:

—Bueno, entonces estoy con Wesley.

Entonces siguió presionándome.

—¿Qué estás predicando? ¿Qué parte de lo que decía Wesley estás predicando?

Respondí tan claramente como sabía:

—Yo predico la salvación por medio de la sangre de Jesús y el poder santificador por medio del Espíritu Santo.

—¿Estás hablando de la antigua segunda bendición de santidad? —me indicó.

—Obispo —le dije—, esa es ciertamente una forma de decirlo.

Es importante que asimile lo que sucedió a continuación. El obispo se volvió hacia uno de los superintendentes de distrito presentes en la sala y dijo:

—¿Sabías que hay gente que todavía cree eso?

—Bueno, yo sí —respondí.

Ahora bien, cuento esta historia para hablar del vasto abismo que existe entre lo que Dios había hecho en mi vida y lo que estaba sucediendo en el liderazgo de la iglesia metodista. Esa batalla fue constante y duró más de una década. Me llevaron ante el obispo cinco veces. Finalmente, la iglesia metodista iba a cooptar mi ministerio, que se llamaba Global Servants. Me informaron que iban a aprobar una regla en la Conferencia del Norte de Georgia de que cualquier predicador metodista que dirigiera una organización sin fines de lucro debía saber que la Iglesia Metodista tenía derecho a nombrar a la mayoría de los miembros de la junta de esa organización. Eso significaba, esencialmente, una ganancia. Les argumente. Les supliqué. Fueron inflexibles. "Lo haremos". Les dije: "No puedo creer que vayan a hacer esto. Literalmente me van a obligar a dejar la iglesia metodista. Me iré, pero tengo que preguntar, ¿por qué quieren que me vaya?". Me respondieron: "Vamos a aprobar la regla. No tiene que irse. Todo lo que tiene que hacer es permitirnos nombrar a los miembros de la junta directiva para su ministerio".

En definitiva, programaron una votación para decidir el asunto en la conferencia anual en Augusta, Georgia. La noche anterior a la votación, estaba en mi habitación del hotel, caminando de un lado a otro. Estaba tratando de decidir qué hacer. ¿Debía contratar un abogado? ¿Debía renunciar? Era tan joven y estaba tan confundido. Así que llamé a mi esposa y le dije: "Mañana, esto va a ser horrible. Es terrible". Yo estaba muy molesto. No quería ir a los tribunales contra la iglesia, pero no podía creer lo que estaban planeando contra mí y otros ministros como yo.

De repente, alguien llamó a la puerta de la habitación del hotel. Cuando la abrí, había un hombre parado allí. Nunca lo había visto, ni lo he vuelto a ver desde entonces. Él me dijo:

—¿Eres Mark Rutland?

—Soy yo —le respondí.

Entonces me dijo:

—Esta no es tu batalla. Es del Señor. Ten paz.

Con eso, se dio la vuelta y se alejó.

Entonces lo seguí y le dije:

—¡Espere un minuto! —pero se fue. Ya había caminado hasta el final del pasillo, salió por una puerta lateral. De repente, una tremenda paz se apoderó de mí.

A la mañana siguiente, cuando estacioné mi auto y comencé a cruzar el estacionamiento hacia la reunión, el superintendente de distrito que había estado peleando conmigo por años se me acercó y me dijo:

—Está bien, está bien, olvídese de eso.

Al oír aquello decidí no dejarlo ir sin que me aclarara lo que me expresó. Por eso, le dije:

—¿Qué quiere decir con que "me olvide de eso"? ¿Qué pasa?

—Ah, ya sabes a qué me refiero.

—No, señor, no lo sé. ¿Qué quiere decir con que "me olvide de eso"?

Entonces me aclaró el asunto:

—No vamos a someter a votación eso.

—¿Que no van a votar sobre qué? —le dije.

—Bien, bien. Sé que está disfrutando esto. No vamos a votar acerca de esa resolución.

Entonces le dije:

—¿Esa resolución acerca de que usted designara miembros de la junta para mi organización? ¿No van a someter a votación eso?

—No —dijo—, no vamos a votar. Eso está cancelado, no lo vamos a considerar más.

—¿Me está diciendo que no van a votar esta mañana y que, si me voy, votarán? —le dije.

—¿Qué me quiere decir usted?

Me respondió:

—Que no, que nunca votaremos sobre esa resolución —a continuación se dio la vuelta y comenzó a alejarse.

—¿Puede decirme por qué? —le insistí.

—Puedo, pero no lo haré —me respondió y siguió caminando.

Más tarde me enteré de que otro predicador metodista, a quien no conocía en aquel tiempo, también tenía una organización sin fines de lucro y que su abogado llamó al superintendente de distrito y le dijo: "Si aprueban esa resolución, yo "los demandaré y los veré en los tribunales". No sé nada de ese hombre ni de su abogado. Esto es lo que sí sé: no era mi pelea, tal como me había dicho el visitante de mi habitación de hotel.

Recuerdo ese episodio de mi vida porque el consejo de ese hombre en la puerta de la habitación del hotel es muy parecido a lo que Jahaziel le dijo a Josafat: "Esta no es tu pelea". A veces, la palabra profética viene solo para animar y confirmar. Sin reprimenda. Sin instrucción. Solo confirmación y afirmación. Nuestro trabajo es simplemente permanecer de pie y esperar en las manos de Dios.

Ahora, el quinto profeta del que quiero tratar se llamaba Azarías. Aparece como hijo de Oded. Azarías se encuentra con el rey Asá de Judá en el camino a casa después de una victoria militar verdaderamente asombrosa. El ejército etíope, de un millón de soldados, había marchado hacia el norte desde

Lea la historia:

2 Crónicas 15.

Etiopía, a través de Egipto rumbo a Israel. Sin embargo, a pesar de lo poderoso que era el ejército etíope, Asá y sus fuerzas lo derrotaron. En el regreso del rey Asá de esa batalla, Azarías se le acerca y, al igual que Jahaziel a Josafat, le dice una palabra de aliento. Sin embargo, es un estímulo y algo ventajoso. Azarías le dice al rey Asá: "El punto aquí no es la victoria. Sí, has tenido una victoria. Sí, Dios te dio la victoria. Sí, nos regocijamos en ello. Pero el punto es que lideres con rectitud después de la victoria". Eso es importante. Claramente, la relación profética de Azarías con Asá tenía que ver con el carácter y la naturaleza de su liderazgo, no simplemente con su éxito.

Llegamos entonces a nuestro sexto profeta, pero para entender el significado de esto tenemos que conocer la importancia de dos reyes: Acab y Josafat. Recuerde que Acab es un rey malvado que está casado con una de las figuras más perversas de la Biblia: Jezabel. Juntos, Acab y Jezabel gobiernan Israel, el reino del norte, mientras que, por supuesto, Josafat gobierna a Judá en el sur. Acab envía un mensaje a Josafat en el que le dice: "¿No saben que Ramot de Galaad nos pertenece? ¡Y no hemos hecho nada para obligar al rey de Siria a que nos la devuelva! Ven y pelea conmigo y seamos un solo ejército". Ramot de Galaad era una ciudad que estaba al otro lado del Jordán. Josafat responde: "Estoy a tu disposición, lo mismo que mi pueblo y mis caballos".

Algo debe haber inquietado la mente de Josafat mientras él y el malvado rey Acab se dirigían al campo de batalla, puesto que Josafat pregunta: "¿Hay profetas? Consigamos que algunos profetas profeticen sobre esta batalla". Acab responde: "Oh, sí. Tenemos muchos profetas". Acab reúne a su multitud habitual de profetas aduladores y todos ellos, incluido el falso profeta "líder" Sedequías, comienzan a decir: "Ah sí, van a ganar. Esto es genial. Todo va muy bien, así que ve a buscarlos. Vas a ganar, absolutamente".

Lea la historia:

1 Reyes 22.

Josafat, claramente, se preocupa por la situación. Por eso pregunta: "¿Hay aquí algún profeta del Señor?". Acab responde: "Muy bien. Aquí hay un chico. Pero lo odio porque nunca tiene nada bueno que decirme. Su nombre es Micaías". Josafat, con sabiduría, dice: "Vamos por él. Veamos qué tiene que decirnos".

Así que envían a alguien a buscar a Micaías. Mientras esperan la llegada de Micaías, Sedequías intenta hacer una extravagante declaración profética. Con una pieza de hierro hace algo parecido a unos cuernos de toro. De alguna manera se lo lleva a la cabeza y dice: "Con cuernos como estos, empujarás a los sirios. Los vas a desangrar a todos. Engánchalos. Los destruirás".

Casi en el mismo momento, llega Micaías. Acab le pregunta: "¿Vamos a ganar cuando peleemos contra los sirios?". Micaías mira a todos los profetas que han dicho: "Vas a ganar, vas a ganar, vas a ganar", y se burla de ellos; y, además, se burla de los reyes. Así que les dice: "Oh, sí, sí, sí. Deberías ir. Absolutamente. Vas a ganar. Estos tipos no podrían equivocarse". Entonces,

Acab, no Josafat, sino Acab, dice: "¿Cuántas veces debo hacerte jurar que no me digas nada más que la verdad en el nombre del Señor?". Acab ha tenido que lidiar con el astuto y sarcástico Micaías antes, por lo que sabe que el profeta se está burlando de él. Micaías, entonces, dice la verdad: "Vas a perder y vas a morir. ¿Quieres saber la verdad? Vas a perder; los sirios te van a ganar; vas a morir en la batalla. Este es tu fin".

Entonces Sedequías, el falso profeta con los cuernos de hierro, se acerca y abofetea a Micaías en el rostro. Además, le dice: "Está bien, si eres profeta, explica cómo estaba obrando el Espíritu Santo en mí para hacer eso". ¿Le parecen familiares esas palabras? ¿Recuerda el juicio de Jesús? Cuando lo golpearon, que le gritaron: "¡Profetiza! ¿Quién te golpeó?".[4]

Entonces Micaías le dice a Sedequías: "Descubrirás la verdad de mi profecía cuando te escondas de los sirios en la cámara interior de tu casa". Esto debe haber aterrorizado a Sedequías. "Cuando te escondas dentro de la segura habitación de tu casa y los sirios te arrastren por toda la ciudad, sabrás que mi profecía, no la tuya, es real".

A esas alturas, Acab ya ha tenido suficiente. "¡Atrápenlo!", ordena. "Llévenlo de regreso a la ciudad, enciérrenlo en la cárcel y no le den nada más que pan y agua hasta que yo vuelva". Ahora, me encanta lo que viene a continuación. Micaías, el pequeño profeta que nunca deja de lado a nadie, se vuelve hacia Acab y le dice: "Si vuelves, soy un falso profeta".

Observe esto. Aquí está la diferencia número uno entre un verdadero profeta y un falso profeta. El profeta verdadero afirma: "Hazme responsable". El falso profeta dice: "Olvida lo que profeticé si no se cumple lo que profeticé". Micaías, un verdadero profeta, dice: "Si llegas a casa, soy un falso profeta". Por supuesto, Acab muere en esa batalla y la profecía de Micaías se hace realidad.

Trescientos años después, tal como profetizó el hombre de Dios, nace un niño en Judá llamado Josías, de la casa de David. Este inicia una campaña de reforma religiosa en todo Judá. Reconstruye; limpia la tierra de ídolos falsos; derriba los altares. Y, además, trae el arca del pacto de regreso al templo. Incluso traspasa los límites de su propia nación, Judá, y entra en los terrenos del reino del norte. Sube hasta Dan, en el norte hasta Betel. Allí encuentra un antiguo templo de Jeroboán. Entonces se dirige a su gente y les dice: "Esto es lo que quiero que hagan. Vayan a un montón de tumbas en el área y saquen los huesos de ellos y apílenlos en este altar, porque vamos a quemar esos huesos en este antiguo altar".[5]

Eso realmente es impactante. Todos los de esa historia eran israelitas y todo lo que habían tocado la muerte los hacía inmundos. Además, amontonar aquellos huesos en ese altar lo estropearía para siempre. Aun así, comienzan a dar vueltas y a sacar huesos de las tumbas. Luego se encuentran con una tumba doble que tenía dos esqueletos en ella. Josías pregunta: "¿De quién es esta tumba?". La gente responde en hebreo: *"Ha ish Elohim. Ha ish Elohim"*. Esto significa, "el hombre de Dios". Son los huesos del hombre de Dios que profetizó contra este altar.

Entonces Josías ordena: "Déjenlo en paz. Séllenlo". Así aquella se convierte en la tumba del profeta desconocido. Desconocido quizás para todos, menos para Dios. Qué asombroso es eso. Dios pronunció una profecía a través de ese profeta anónimo, una profecía contra la blasfemia, la rebelión y la idolatría que se cumplió trescientos años después. Ese profeta desconocido sufrió la muerte a manos de un león debido a un error insensato, pero no invalidó su ministerio. Y, al final de todo, trescientos años después, Dios lo honró. En Arlington, Virginia, tenemos la tumba del soldado desconocido. Josías, el buen rey de Judá, estableció la tumba del profeta desconocido.

LECCIONES DEL VIEJO DOCTOR MARK SOBRE LOS CUATRO REYES Y LOS SEIS PROFETAS

Espere en el Señor.

A veces, la disciplina más fuerte a la que debemos someternos es esperar en Dios. Puede que algún día se enfrente a una gran contienda con algún enemigo poderoso. Es posible que parezca que ese oponente tiene la ventaja, la fuerza, los aliados y los recursos que a usted le faltan. Es probable que entre en esa lucha con todas sus fuerzas, y que haga todo lo que sabe hacer, y aun así puede hacerse obvio que no será suficiente para ganar. Ese será su momento de prueba, pero no será una prueba de su fuerza ni de su habilidad para arrebatarle de las fauces de la derrota una victoria estratégica a un enemigo superior. Será una prueba de su fe dejar que Dios trate con eso, entregarle el resultado a él y, lo más difícil de todo, esperar, no solo en su voluntad, sino en su tiempo.

No es poca cosa hablar en el nombre del Señor.

Los falsos profetas proliferan cuando la familia de la fe considera algo liviano decir "Así dice el Señor". Las predicciones, políticas o históricas, basadas en la experiencia o la sabiduría, son una cosa. Todo el mundo puede equivocarse de vez en cuando; cuando lo hacemos, podemos reírnos de nosotros mismos y avanzar, un poco humildes, a nuestra próxima mejor suposición. Profetizar en "el nombre de Dios" es otro asunto. Ya sea el resultado de las elecciones, el ascenso y la caída de las naciones, los movimientos del mercado de valores o quién ganará el Super Bowl, una vez que afirme haber escuchado de Dios, el panorama de la rendición de cuentas cambia radicalmente. Ahora no hay sombra, no hay excusa detrás de la cual esconderse. Ahora está ahí, al aire libre, expuesto y completamente comprometido.

CAPÍTULO 7

Elías, Eliseo y un Dios poderoso

El SEÑOR oyó el clamor de Elías, y el muchacho volvió a la vida. Elías tomó al muchacho y lo llevó de su cuarto a la planta baja. Se lo entregó a su madre y le dijo:

—¡Tu hijo vive! ¡Aquí lo tienes!

Entonces la mujer le dijo a Elías:

—Ahora sé que eres un hombre de Dios, y que lo que sale de tu boca es realmente la palabra del Señor.

—1 Reyes 17:22-24

EN 1924, EN Alejandría, Egipto, nació un bebé judío. Su nombre era Eliahu ben Shaoul Cohen, pero lo llamaban Eli, Eli Cohen. Su familia finalmente emigró —o "hizo Aliyah"— a Israel, pero Eli se quedó en Egipto con el objeto de terminar su carrera. Cuando el gobierno egipcio intensificó la persecución contra sus ciudadanos judíos, finalmente fue expulsado del país; así que también emigró a Israel. Unos años más tarde, Eli comenzó su trabajo con el Mossad, la agencia de inteligencia de Israel parecida a la Agencia Central de Inteligencia (CIA, por sus siglas en inglés) de Estados Unidos.

Como se había criado en Egipto, su árabe era impecable. Eso le permitió al Mossad crear una identidad completamente nueva para él, preparándolo para infiltrarse entre los enemigos árabes de Israel. Los líderes de Eli en el Mossad lo trasladaron a Argentina y le crearon una nueva identidad —con nombre falso, pasaportes, antecedentes, etc.— para él como un exitoso empresario sirio que fue criado en Argentina. De allí se trasladó a Siria para comenzar su labor como espía.

Su alias árabe era Kamel Amin Thaabet. Ya en ese país se abrió camino hasta los niveles más altos del ejército sirio. Utilizando su dinero y su encanto, también se movió libremente en los niveles más altos de la política siria. Una vez que se ganó la confianza de la élite local, comenzó a enviar información de inteligencia al Mossad, lo que cambió el curso de la historia en el Medio Oriente.

El liderazgo militar sirio se sintió tan cómodo con Eli que hasta le dieron un recorrido por las instalaciones militares sirias en los Altos del Golán. Usando su memoria fotográfica casi perfecta, Eli observó cuidadosamente las instalaciones y luego dibujó la ubicación de cada nido de ametralladoras, fortines e instalaciones de artillería para informar al Mossad.

En una famosa historia sobre esa importante recopilación de inteligencia, se dice que Thaabet, el nombre con el que los sirios conocían a Eli, fingió preocuparse por los soldados árabes, pero en realidad era una forma de engañar a los estrategas sirios. Así que les dijo a los generales: "Miren a sus soldados en estas instalaciones antiaéreas. Están aquí bajo un sol abrasador y además están a la vista del enemigo desde el aire. ¿Por qué no plantan eucaliptos en todas estas instalaciones para que den sombra a los soldados y, a la vez, oculten los equipos antiaéreos de la vista de la fuerza aérea de Israel?". Entonces el ejército sirio siguió las sugerencias de Eli pero, en realidad, el objetivo de este era que esos árboles sembrados marcaran el lugar que ocupaba el ejército sirio. Es más, aquello no tenía nada que ver con ocultar sus instalaciones; todo lo contrario.

Eli continuó cultivando un éxito asombroso, hasta que los agentes rusos desplegaron un dispositivo de seguimiento por radio que pudo captar las transmisiones radiales que Eli enviaba a su país. Sobra decir que fue capturado, juzgado y ahorcado en una de las ejecuciones más famosas de la historia de Siria. Sin embargo, en Israel celebran su vida hasta el presente.

En 1967, dos años después de la muerte de Eli, se libró la Guerra de los Seis Días. Israel ganó ese conflicto bélico diezmando, en gran parte, las instalaciones antiaéreas de Siria y obteniendo el control absoluto del aire. Muchos piensan que eso fue un resultado directo del engaño de la siembra de árboles de eucalipto que sugirió Eli. Fue una gran victoria para las Fuerzas de Defensa de Israel, pero también fue el fruto del sacrificio de Eli Cohen.

Si echamos un vistazo 2.815 años atrás, podremos recordar otra operación de espionaje ocurrida entre las mismas dos naciones, los mismos dos pueblos: Israel y Siria. El espía de esa ocasión trabajó como lo hizo Eli Cohen siglos después, trayendo la victoria a Israel al revelar los planes de los sirios. Ambos bandos tenían sus espías, pero el principal espía de Israel era uno sobrenatural.

Elías fue el gran decano de los profetas. También fue la pesadilla del ejército sirio. El protegido de Elías era Eliseo, un joven talentoso proveniente de una rica familia de agricultores. Eliseo fue elegido específicamente por Elías bajo la dirección de Dios. Eliseo se convirtió en el pastor asociado de Elías, por así decirlo, durante siete u ocho años y, posteriormente, en su sucesor.

Considere el resultado entre la relación de Elías y Eliseo y la de Moisés y Josué. Moisés seleccionó, ungió y finalmente entregó su papel de liderazgo a Josué. Elías seleccionó, ungió y finalmente entregó su papel de liderazgo a Eliseo. Cuando Moisés sacó al pueblo de Israel de Egipto, cruzaron el Mar Rojo, y cuando Josué llevó al pueblo hebreo a Israel, cruzaron el río Jordán. Por lo tanto, ambos hicieron cruces sobrenaturales sobre grandes depósitos de agua.

Elías y Eliseo también hicieron eso. Cuando Elías sintió que su vida en la tierra estaba terminando, fue con Eliseo al río Jordán y golpeó el agua con su manto. El río Jordán se abrió y Eliseo caminó por tierra seca. Después que Elías fue llevado al cielo, Eliseo regresó a la misma orilla del río y miró hacia Israel. Tal como había hecho Elías, Eliseo golpeó el agua. Esta vez también clamó: "¿Dónde está ahora el Señor, Dios de Elías?".[1] Y el agua se dividió. Por lo tanto, así como Josué cruzó el Mar Rojo siguiendo sobrenaturalmente a Moisés, Eliseo cruzó el río Jordán siguiendo a Elías, milagrosamente, y usando nada más que su manto. Hay otros puntos similares entre los cuatro hombres.

Tomemos, por ejemplo, la "muerte" de Elías. El propósito de este estudio es indagar sobre los encuentros e interacciones entre los profetas y los reyes, pero no hay forma de llegar a la relación de Eliseo con los reyes si no entendemos de dónde provenía este.

Como vemos en el desarrollo de la historia, Eliseo es el segundo al mando de Elías y rara vez se menciona. Un día, Elías dice: "Quiero que te quedes aquí. Me voy al otro lado del Jordán". Eliseo, sintiendo lo que está sucediendo, dice: "Tan cierto como que el Señor y tú viven, te juro que no te dejaré solo". Así que bajan a Jericó, que está en la orilla del río Jordán. Recuerde que los hebreos entraron a la tierra prometida en Jericó, y ahora Elías regresa a través del Jordán en Jericó y entra en una tierra llamada Moab. Una vez más, Elías le dice a Eliseo: "Quédate aquí en Jericó. Voy a cruzar el Jordán". Pero Eliseo le responde: "Voy contigo". Debemos darnos cuenta de que esas dos pruebas de Eliseo no son tan diferentes de las que tenemos nosotros en la actualidad. Para crédito de Eliseo, él siente que es el momento propicio. Sabe lo que debe hacer. Recuerde, siempre hay tiempo para esperar y siempre hay tiempo para aprovechar el momento. Lo que Eliseo dice, en esencia, es: "No me vas a dejar fuera de esto. Voy contigo". Eliseo aprovecha la oportunidad. De modo que cruzan el río Jordán y suben a los montes de Moab.

Una vez que están allí, Elías vuelve a decir: "Está bien, me voy. Dios me lo ha revelado. Mi tiempo aquí se acabó. ¿Ahora que quieres? ¿Cuál es tu última petición para mí, Eliseo?". El pasaje que sigue en hebreo es extremadamente complicado. El significado en castellano suele ser algo como: "Quiero una doble porción de tu espíritu". En realidad, puede significar: "Quiero dos tercios". Podría ser que Eliseo pidiera dos tercios porque estaba pensando: "Oye, sé que no soy Elías. Sé que nunca lo seré, pero dame todo lo que puedas". Por tanto, podría ser una declaración de humildad.

Sin embargo, sigamos adelante. Eliseo dice: "Quiero una doble porción de tu espíritu". Recuerde que, de acuerdo con la ley hebrea, el primogénito recibe una doble porción de la herencia dejada por el padre. Por tanto, lo que Eliseo parece estar diciéndole a Elías es: "Quiero ser el hijo primogénito de tu ministerio profético". Esto puede lucir arrogante en apariencia: "Quiero hacer el doble de lo que tú haces. Quiero ser el doble de grande que tú". Eso no es lo que está diciendo. En realidad, está pidiendo ser hijo de Elías. Está diciendo con valentía: "Quiero ser el fruto primogénito de tu ministerio profético. En ese caso, necesito una porción doble. Otros profetas pueden compartir lo que sobre. Pero yo quiero la parte de la herencia del ministerio profético que es mía, la porción del hijo primogénito".

Aquí surge una pregunta: ¿Podríamos decir que Eliseo fue dos veces el profeta Elías? No podemos decir eso. Sin embargo, podemos acercarnos a él con solo mirar los milagros. Elías hizo milagros, pero Eliseo en realidad hizo el doble de milagros en la mitad del tiempo. Los dos hombres tienen estilos diferentes. Elías parece ser un "profeta volcánico", ya que estalla de vez en cuando. Eliseo parece obrar de manera más constante, más firme y a un ritmo más rápido: el doble de milagros en la mitad del tiempo.

La comparación entre los dos hombres, Elías y Eliseo, es fascinante. Recuerde que fue Elías el que pidió fuego en el Monte Carmelo. Eso es típico de su naturaleza y su ministerio, como lo vemos en las Escrituras: eruptivo, volcánico, dramático. Eliseo, sin embargo, es más consistente, local y relacional. Interactúa con los reyes de Siria e Israel. También trabaja intensamente en Judá. Se le ha descrito como "presente", mientras que Elías se retira por largos períodos y luego aparece repentinamente para encontrarse con el poder y los poderosos, en lo que podría llamarse "erupción milagrosa". Eliseo, por el contrario, viaja por todo el país de Israel. Encuentra lugares donde abunda la necesidad y personas que sufren. De hecho, la gente le pide ayuda. Eliseo es casi como un evangelista itinerante que se mueve con un tremendo poder sobrenatural. Una lista de algunos de los momentos milagrosos en el ministerio de Eliseo le dará cierta idea de la dinámica que crea al interactuar con los reyes.

Hay diez milagros por los que Eliseo es conocido. El primero es la división del río Jordán a su regreso. Ese milagro lo encontraremos más adelante en este capítulo. El segundo ocurre cuando llega a la ciudad de Jericó. La gente de allí le informa: "Nuestra agua no es buena. Tenemos un manantial, pero no sirve. Es agua fétida y no podemos construir una ciudad aquí con esta agua tan mala". Pero Eliseo convierte esa agua mala en agua buena. Es intrigante que su primer milagro "público" sea convertir el agua mala en buena, un paralelo del primer milagro público de Jesús en Caná, cuando convirtió el agua en vino. La división del Jordán, un milagro más "privado" solo para los ojos de los profetas, es más similar al de Josué.

Lea las historias de los siguientes milagros así:

Milagro 1, 2 Reyes 2:11-15;

Milagro 2, 2 Reyes 2:19-22;

Milagro 3, 2 Reyes 4:1-7;

Milagro 4, 2 Reyes 4:8-17;

Milagro 5, 2 Reyes 4:18-37;

Milagro 6, 2 Reyes 4:38-41;

Milagro 7, 2 Reyes 4:42-44;

Milagro 8, 2 Reyes 5;

Milagro 9, 2 Reyes 6:1-6;

Milagro 10, 2 Reyes 13:20-21.

El tercer milagro de Eliseo ocurre cuando una viuda le pide ayuda. La tradición judía sostiene que ella era la viuda del profeta que escondió a los sacerdotes de Dios durante el reinado de Acab y Jezabel, pero en el relato bíblico no se menciona eso. La Biblia simplemente se refiere a ella como una viuda pobre. Eliseo le dice que reúna algunos vasos, botellas y todos los recipientes que pueda encontrar para luego verter aceite en ellos con el aceite que tiene en su pequeño frasco. Milagrosamente, la viuda termina llenando todos los recipientes. Esto es similar al milagro celebrado en Janucá o Fiesta de las Luces, en la que el aceite de las lámparas no se agota.

El cuarto milagro que realizó Eliseo fue para la mujer de Sunén. Ella y su esposo cuidaron de Eliseo y lo mantuvieron un tiempo. En respuesta a su generosidad, Eliseo profetiza que ella tendrá un bebé, lo que se cumple. Nuevamente vemos a Eliseo "en el suelo", por así decirlo. Cerca de la gente. Está en la comunidad y responde a las necesidades de aquellos a quienes encuentra a su paso.

El milagro número cinco se relaciona con ese mismo bebé. Antes de que el niño esté listo para su *bar mitzvah*, lo que significa que tenía menos de trece años, muere por un exceso de calor en las tierras de su padre. Eliseo lo resucita de entre los muertos.

Es interesante ver que Eliseo casi siempre está en contacto y rodeado por un grupo de profetas. De hecho, ellos participan en el sexto milagro de Eliseo. Este grupo de profetas se le acerca y le dicen que han hecho un guiso. Sin embargo, de alguna manera, el que fue al campo a recoger los hongos y otras plantas para el guiso terminó recogiendo algo que era venenoso. Una vez que se sabe eso, Eliseo toma un poco de comida, un grano de algún tipo, lo pone en el guiso y lo cura. Luego extrae el veneno. Este es el sexto milagro del profeta.

En el séptimo, aprendemos que hay cien hombres y todo lo que tienen son "veinte panes de cebada", como dice la Biblia.[2] Ahora, tenemos que ajustar nuestro pensamiento aquí. Cuando leemos esto, tendemos a pensar en hogazas de pan, tal como las encontramos en una tienda de comestibles del hemisferio occidental. Eso no es a lo que se refiere la Biblia. Deberíamos imaginarnos el pan de pita. Ese es el tipo de pan que se usa en el Medio Oriente hasta el presente. Así que, si hay veinte pitas pequeños e individuales, y cien hombres hambrientos, la crisis es evidente. Cuando se le presenta este problema a Eliseo, él dice: "Distribuyan los panes y habrá suficiente para todos, hasta sobrará". Una vez más, los milagros que realiza Eliseo anticipan y prefiguran los milagros de Jesús. Quizás esta característica de su ministerio sea parte de su doble porción de Elías.

El octavo milagro es la curación de Naamán, que describiré un poco más adelante. Naamán no es un rey, pero es un general de alto rango y representa a un monarca. Por lo tanto, he incluido este episodio como parte del don de Eliseo para trabajar con reyes y altos funcionarios. También es producto de su tendencia a estar con la gente y cerca de los escenarios en los que se desarrollan los acontecimientos humanos.

El milagro número nueve es realmente fascinante. El grupo de profetas se acerca a Eliseo y le informa: "La escuela bíblica no es lo suficientemente grande. Necesitamos más espacio". Aparentemente, Eliseo dirige un pequeño colegio bíblico carismático en las colinas de Israel, tal como lo hizo Samuel. Cuando los profetas le informan de su problema de espacio, él les instruye: "Está bien, vayan a cortar algunos árboles para tener madera". Poco después, uno de los profetas se le acerca y le dice: "Estaba cortando un árbol, cuando la cabeza del hacha se desprendió y se hundió en el río". El hombre agrega: "Era prestada. Y no tengo dinero para devolverle el dinero al dueño". De inmediato, Eliseo agarra un palo y lo arroja al agua. Sorprendentemente, la cabeza del hacha —¡una cabeza de hacha de hierro!— flota, busca el palo y se adhiere a él. Eliseo, entonces, agarra el palo y la cabeza del hacha, y se las devuelve al profeta agradecido. Claramente, Dios está revelando aquí que, aunque estableció las leyes del universo —incluido el hecho de que las cabezas de hacha de hierro se hundan en el agua— él puede invalidar esas leyes en cualquier momento que elija para el bien de su pueblo.

Por último, el décimo milagro es un momento sobrenatural que involucra a Eliseo después de su muerte, dándonos diez milagros asociados con el ministerio de Eliseo, el doble del número del ministerio más volcánico y dramático de Elías.

Volvamos a la historia. Elías ha indicado que está a punto de dejar esta vida, ha preguntado qué quiere Eliseo de él, y Eliseo ha pedido la doble porción que se le debe dar a un hijo primogénito. Durante su viaje a Moab, los profetas se habían acercado a Eliseo en Betel y en Jericó, donde le dijeron: "Dios nos ha revelado que tu señor se va". En ambas ocasiones, Eliseo responde: "Lo sé". También les dice: "Mantengan la boca cerrada. No digan nada".

La partida de Elías es uno de los pasajes más incomprendidos o, al menos, mal citados de la Biblia. Tenga en cuenta que Eliseo pidió la doble porción y Elías le dijo: "Has pedido una doble porción del espíritu que está sobre mí. Lo que has pedido es algo realmente importante. Sin embargo, si me ves cuando me vaya, Dios te lo ha de conceder".

Eliseo sabe lo que está por suceder. Elías se va. No sabe exactamente cuándo ni cómo, pero Elías dijo: "Si me ves irme, tus oraciones serán respondidas". El escenario es claro, los dos hombres están juntos cuando un carro de fuego, tirado por caballos de fuego, de repente pasa entre Elías y Eliseo. A menudo escuchamos que se enseña que Elías se sube a ese carro y se va. Sin embargo, el carro se interpone entre Elías y Eliseo, y Elías sube en un torbellino.

¿Qué es lo que está sucediendo allí? Creo que el carro y los caballos de fuego representan dos cosas. Uno es una separación. Aquellos a quienes Dios elige llevar a su lado, al cielo, los toma como él decide. El carro representa esa separación entre los vivos y los muertos. Ciertamente, el carro de fuego separa a los dos profetas.

Lo segundo que sucede aquí es una prueba para Eliseo. Obviamente, un carro de fuego con caballos de fuego que pasan entre dos hombres es una gran distracción. Sin embargo, Eliseo hace lo que debe hacer para recibir la bendición que ha solicitado: mantiene sus ojos en Elías. Esta es una lección vital para nosotros. No se deje fascinar demasiado por los fenómenos sobrenaturales. Mantenga sus ojos en la promesa de Dios. Escuche lo que Dios le ha dicho y manténgase enfocado. Momentos tan notables como los de un "carro de fuego" son una bendición, pero no deben ser nuestro enfoque. Dedíquese a mantener sus ojos en las promesas del Dios viviente y en las condiciones de esas promesas.

Eliseo no se distrae con el carro de fuego. Mantiene sus ojos donde deben estar, en Elías. Luego, Elías sube en un tornado o un "torbellino", como lo dice la Biblia.[3] Mientras se eleva en ese gran remolino, su manto cae al suelo. Eliseo lo recoge. El mensaje que se pretende dar con esto es claro. Eliseo ha "recogido" la unción de Elías. El ministerio terrenal de Elías ha terminado. Ahora debe comenzar el de Eliseo.

Eliseo ahora regresa al río Jordán. Cuando llega, encuentra a los profetas que lo vieron partir al otro lado del río. Este es un momento de gran importancia y Eliseo lo sabe. Así que agarra el manto que recibió de Elías y grita: "¿Dónde está ahora el Señor, Dios de Elías?".[4] Luego golpea las aguas con él. En ese momento el río Jordán se detiene. Esta es solo la cuarta vez en la historia que las aguas se han dividido por orden de un hombre de Dios. Primero Moisés, luego Josué, luego Elías y ahora Eliseo. De modo que Eliseo pertenece, claramente, a esa corriente de poder sobrenatural. Es el momento de afirmación y el comienzo del maravilloso y sobrenatural ministerio internacional de Eliseo.

Lo que sigue es un episodio complicado y preocupante. Cuando Eliseo se va, un grupo de jóvenes lo rodea. La traducción bíblica nos da la palabra muchachos, pero el hebreo permite que esa palabra se traduzca como "jóvenes". Eso marca la diferencia. Una pandilla intimidadora de hombres de diecinueve años es una experiencia completamente diferente y más amenazante que unos niños de diez años. Independientemente de cómo traduzcamos la palabra, esos jóvenes se burlan de Eliseo y se burlan de él porque es calvo. Es interesante notar que esta es una de las únicas ocasiones en la Biblia en las que se nos da una idea de cómo era un profeta.

Los jóvenes comienzan a llamar a Eliseo "calvo" y a insultarlo. Eliseo los maldice, entonces dos osos enormes salen inmediatamente del bosque y matan a los jóvenes, a los cuarenta y dos.[5] En verdad, esta es una historia inquietante. Podríamos sentir la tentación de decir que Eliseo era una persona hipersensible. Claro, lo están insultando, pero son solo un grupo de tipos que se burlan de él, y eso no parece justificar que los maten. Creo que aquí se nos dice algo más.

Debemos tomarnos en serio el mensaje de este momento porque un incidente similar ocurre más adelante en el ministerio de Eliseo. Cuando Dios dice algo dos veces, debemos prestar mucha atención. La simple verdad aquí es que Dios no permitirá que se burlen de su palabra ni de quienes la proclaman. Deberíamos pensar en esto en la cultura eclesiástica contemporánea informal y, a veces, casi irreverente. Los jóvenes se burlaron de un hombre de Dios. Como resultado, cayeron bajo una maldición. Esa maldición hizo que desapareciera su protección y fueron devorados por las fuerzas de la naturaleza. Esta historia no trata sobre la petulancia de Eliseo. Se trata de respeto por Dios, por su palabra y por sus profetas. Que Dios restaure el respeto a la iglesia en este tiempo.

———

El primer encuentro de Eliseo con un rey es con Jorán, rey del reino del norte. Jorán es el hijo malvado del rey más perverso de Israel, Acab. Él gobierna desde Samaria al mismo tiempo que un buen rey, Josafat, gobierna a Judá desde su capital en Jerusalén. Ambos reyes forman una alianza con el de Edom. Estos tres reyes planean atacar a Moab porque los moabitas, que están sujetos a la autoridad de Israel, de repente dejaron de pagar tributos todos los años.

Es interesante ver lo que realmente es el tributo. El rey de Moab era un gran pastor. Tenía muchos miles de ovejas, por lo que cada año pagaba su tributo a Israel con ovejas. Cuando Acab murió y Jorán subió al trono, los moabitas dicen: "Está bien, el anciano murió. No le pagaremos a este chico". El rey Jorán responde: "Te daré una lección". Así que hace un pacto con Josafat y el rey de Edom, y marchan desde Samaria a través de Jerusalén hasta un lugar cerca del Mar Muerto llamado Wadi Rum.

Es posible que haya visto Wadi Rum, lo sepa o no. Si ha visto la película *Lawrence de Arabia*, recordará la larga y calurosa marcha que hicieron Lawrence y sus guerreros por el desierto. Si es así, ha visto Wadi Rum. He estado allí varias veces y hace un calor asombroso. En ese desierto ardiente, el ejército de Jorán pronto comienza a morir de sed.

Al ver el peligro en el que están todos, Josafat pregunta: "¿No hay un profeta?". A lo que Jorán responde: "Sí, Eliseo". Entonces llaman a Eliseo al campamento del ejército. Imagínese la

escena. Hay miles de hombres e incluso más caballos y camellos en medio del desierto. Eliseo se acerca y los hombres le gri-
tan: "¿Puedes ayudarnos?". Eliseo mira al rey de Israel y dice: "Si
no fuera por el rey de Judá que está aquí, ni siquiera te hablaría.
Te dejaría morir en este desierto. Pero Josafat es un buen rey,
así que voy a ayudarlo. Solo tienes que seguir sus pasos". Esa no
es una forma respetuosa de hablar con un rey, pero todos en el
desierto sabían lo que pasó con aquellos cuarenta y dos chicos
que fueron devorados por los osos. Nadie quiere enfadarse con
Eliseo, sobre todo cuando necesitan desesperadamente su ayuda milagrosa.

El profeta les dice a los reyes lo que deben hacer. "Caven
zanjas por todo este desierto. Mañana, cuando se despierten,
estarán llenas de agua". Qué representación tan perfecta de la
fe en respuesta a la palabra de Dios. Lo que todos en ese enorme ejército querían era que Eliseo hiciera lo contrario de lo que
Elías había hecho en el monte Carmelo. Elías oró y Dios envió
fuego, ¡de inmediato! Querían que Eliseo orara para que Dios
enviara lluvia al instante. Sin embargo, Eliseo les dice: "Caven
zanjas". Eso es lo último que querían escuchar. Están agotados,
acalorados y deshidratados. Sorprendentemente, hacen lo que
el profeta les indica. Eso es fe obediente en acción.

Cuando se despiertan a la mañana siguiente, comienza una
tormenta en el otro extremo del desierto en Edom. No pueden
ver la lluvia, no pueden oír los truenos y no hay relámpagos, pero
el agua corre por encima del suelo en el desierto porque no puede absorberla. Una tormenta distante llena todas las zanjas con
agua. Cuando el ejército moabita sube por la cima de la colina, el
sol de la mañana se refleja en aquellas zanjas de una manera que
ellos ven como unos pozos color rojo. Los moabitas dicen: "Esos
tres ejércitos se han vuelto unos contra otros. ¡Todo el valle está
lleno de sangre!". Entonces los moabitas envainaron sus espadas

y caminaron hasta el desierto con el fin de agarrar su botín. Suponen que todos sus enemigos están muertos. Por supuesto, *no* están muertos. Al contrario, los israelitas, los edomitas y los judíos recogen sus espadas y matan a todos los moabitas. Es una victoria total en una sola batalla.

¿Qué nos enseña esto? Primero, cuando necesite agua y Dios le diga: "Cava zanjas", entonces ¡cávelas! Haga lo difícil que viene con la palabra del Señor, que a menudo es una condición previa de la bendición prometida. En segundo lugar, no cave solo una vez. Este es un motivo continuo en el ministerio de Eliseo: apasiónese, siga cavando y, si quiere más agua, cave más zanjas. No se quede en medio del desierto para orar por lluvia, cave zanjas. En tercer lugar, tenga en cuenta que el agua vino de Edom. Es una gran verdad que lo que Dios hace en otros lugares puede afectar lo que sucede donde usted se encuentra. Lo contrario también es cierto. Lo que Dios está haciendo en su vida puede afectar a alguien lejano a quien no conoce. No había nadie en el extremo norte de Edom que dijera, cuando empezó a llover en su porche: "Hombre, esto va a obrar un milagro en el desierto". Puede que haya cosas que Dios esté haciendo justo donde usted se encuentra que tendrán un efecto tremendo en alguien que está lejos. Cuarto, Dios puede proveer para usted y, al mismo tiempo, confundir al enemigo de su alma. Observe que lo único que pidieron los tres reyes era agua. Dios tenía propósitos más elevados. No solo le dio agua a su pueblo, sino que destruyó a sus enemigos en el mismo acto. Confíe en que Dios tiene más de un propósito para las cosas que hace a favor de usted.

El segundo encuentro de Eliseo con un rey es con el de Siria, Ben Adad. Este es una espina constante en el costado de Israel. El general del rey, Naamán, fue mencionado anteriormente y tiene lepra. Durante una de las muchas redadas de Siria en Israel, se capturó a una chica que ahora es esclava en la casa de Naamán.

Esa joven hebrea es la esclava personal de la esposa de Naamán. Ella modela la fe y la compasión incluso en la esclavitud. Como ella, aparentemente, tiene el favor de su amo, le dice: "Ojalá mi amo, mi dueño, pudiera ir a Israel. Allí hay un profeta llamado Eliseo y él te sanará". Ben Adad envía a Naamán al rey de Israel junto con cuarenta camellos cargados de tesoros. También envía un mensaje que dice: "Aquí está mi siervo, Naamán. Tiene lepra. Sánalo".

Note que no le envía ese mensaje a Eliseo. Se lo envía al malvado rey de Israel. Claramente, se equivocó con esa historia. Cuando necesite un milagro de Dios, tenga cuidado a quién le pida. El malvado rey de Israel obviamente no pudo ayudar a Naamán. De hecho, el rey casi pierde la cabeza por miedo: "Este tipo está tratando de iniciar una guerra. ¡Quiere pelear! Si no curo a su hombre, esto va a..." En ese momento, Eliseo interviene y dice: "Cálmate. Es a mí a quien quiere. Envíalo a mí". Entonces el rey de Israel envía un mensaje a Ben Adad informándole que Eliseo está listo para ayudar a Naamán.

Naamán, entonces, se dirige a la casa de Eliseo. Observe atentamente cómo trata Eliseo con ese momento. El general más famoso de un país extranjero llega a la casa de Eliseo con la esperanza de ser sanado. Eliseo ni siquiera lo saluda en persona. Al contrario, envía a su segundo al mando, Giezi. Eliseo ni siquiera sale de su casa. Solo le indica a Giezi que le diga al general: "Ve al río Jordán y sumérgete en el agua siete veces. Y sanarás". Giezi hace lo que le dicen, por lo que es comprensible que Naamán esté indignado.

"¿Me estás tomando el pelo? ¿Te estás burlando de mí? ¿Acaso los ríos de Damasco, el Abaná y el Farfar, no son mejores que toda el agua de Israel? ¿No tenemos ríos caudalosos? ¿Qué es este pequeño río fangoso de Israel? ¿Hay algo mágico en este río?". Naamán continúa con su perorata egoísta: "Pensé que al menos saldría y agitaría las manos". ¿No es esto intrigante? Naamán no es tan diferente de los que hoy se preocupan menos por el poder genuino y auténtico de Dios que por un espectáculo secundario religioso. Lo que queremos es un espectáculo de apariencia sobrenatural. Naamán quería que alguien saliera y agitara las manos. Naamán habría estado feliz si Eliseo simplemente hubiera movido sus manos, pero eso no habría significado nada. Eso es inquietantemente contemporáneo.

Por dicha para Naamán, sus ayudantes tienen más sabiduría que él. Así que le dicen: "¡Mira! Si te hubiera dado una gran misión, si te hubiera dicho que mataras algún animal salvaje o derrotaras a un ejército, ¿no lo habrías hecho?". Naamán responde: "¡Sí!". "Entonces, pruébalo", le dijeron. "Sumérgete en el río siete veces". Naamán hace lo que le piden y su lepra queda sana. En agradecimiento, envía el tesoro del rey Ben Adad a Eliseo, pero Eliseo es un hombre de principios. Por eso le responde: "No hice esto por dinero, cosa que no quiero".

Mientras Naamán regresa a Siria, Giezi corre tras él. El criado le dice a Naamán: "Oye, mi maestro me envió contigo. Está bien, mira... es que ha cambiado de opinión. Y lo que le gustaría es... le gustaría un poco de plata, algo de oro y dos trajes de Brooks Brothers, talla cuarenta y cuatro". Naamán, habiendo sido sanado, está profundamente agradecido. "¡Cualquier cosa! ¡Tómalo, tómalo!". Entonces Giezi agarra el tesoro, regresa a la casa de Eliseo y esconde los bienes en su habitación.

Lo sorprendente es que Giezi no entiende con quién está tratando, nada más ni nada menos que con Eliseo. Así que el profeta le dice: "Mira, si Dios me usó para curar la lepra, ¿no crees que me revelaría lo que hiciste? ¿Quieres el tesoro de Naamán?

Bueno. También tendrás la lepra de Naamán". El mensaje inmediato es aparentemente: "No te metas con Eliseo". El principio más amplio es este: la autoridad y el poder proféticos deben ser respaldados por el carácter y la integridad.

Después del incidente de Naamán, Eliseo el sanador se convierte en Eliseo, ¡el espía sobrenatural! El rey de Siria sigue intentando tender una emboscada y atrapar al ejército de Israel.[6] Dios le revela eso a Eliseo. Es como si estuviera en la sala de guerra de los sirios, escuchando su plan detallado. Eliseo no está en Siria. Está en la presencia de Dios, escuchando. Lo que oye, se lo envía al rey. Todo es muy específico. "Está bien, no vayas allá. Los sirios están ahí". Y otra vez dice: "No vayas allá, los sirios siguen ahí". Finalmente, el rey de Siria determina que dado que esa información específica está llegando al enemigo, uno de sus hombres debe ser un espía. Cuando los acusa de espiar, responden: "No, ninguno de nosotros es espía. Dios le está revelando nuestros planes a Eliseo en Israel, que le está contando al rey en Israel lo que está pasando". Ante eso, el rey sirio consulta a sus espías en los tribunales de Israel. Esos espías confirman lo que se le ha dicho al rey: Eliseo es el problema.

El espionaje y el contraespionaje entre Siria e Israel se han prolongado por tres mil años. Eli Cohen, el agente secreto de Israel en Siria, fue parte de eso, pero miles de años antes de Eli, el espía era Eliseo.

De modo que el rey de Siria se da cuenta de la fuente de su problema y dice: "Está bien, entonces deja de intentar emboscar al ejército de Israel. Vamos a buscar a Eliseo". Así que envía a su ejército a matar a Eliseo. Los comandantes del ejército consultan a los espías y preguntan: "¿Dónde está Eliseo?". Ellos responden: "Está en Dotán".

Al amparo de la oscuridad, el ejército sirio rodea la pequeña ciudad de Dotán. Esperan a que salga el sol a la mañana

siguiente, que es cuando planean atacar. Esa mañana, el ayudante de Eliseo se despierta y mira por la ventana. Y dice:
"Oh, estamos acabados. Estamos rodeados". Eliseo dice: "¿Qué
pasa?". Él le responde: "Es el ejército sirio". Eliseo le indica: "No
te preocupes. Somos más que ellos. Hay más de nuestro lado
que del de ellos".

El sirviente alega: "No, mira, tienes que salir de la cama,
venir aquí y mirar por la ventana, porque no hay más nadie
que nosotros". Somos dos solos, desarmados; y ellos son un
ejército. Estamos rodeados". Eliseo asegura: "No, te lo digo, son
más los que están con nosotros que los que están con ellos".
Entonces Eliseo ora: "Señor, ábrele los ojos". Y el Señor le abre
los ojos. De repente, el sirviente puede ver el vasto ejército de
ángeles que está ante ellos.

La autoridad profética combinada con los ojos de la fe disi-
pan todo terror. Eliseo no se asusta. Solo dice: "Estamos rodeados por un ejército de ángeles. No pueden tocarnos". Eliseo
entonces ora por dos cosas opuestas. Primero, ora para que su
ayudante tenga vista, para ver lo que es invisible para el ojo
natural. Luego ora para que el ejército sirio no tenga vista. Por
lo que dice: "Señor, enceguécelos a todos". Así que todo el ejército sirio queda ciego.

Eliseo, entonces, hace algo asombroso. Se dirige al ejército
enemigo y le dice: "Está bien, todo el mundo en silencio. Sé
que están ciegos. Yo los voy a ayudar. Síganme". Luego dirige
al ejército sirio al centro de Samaria, al centro de la capital de
Israel. Una vez allí, dice: "Está bien, Señor, ahora abre sus ojos".
Cuando los ojos de aquellos soldados sanguinarios están abiertos, se horrorizan. Todo el ejército está rodeado.

El rey de Israel le pregunta a Eliseo: "¿Debo matarlos a
todos?". La respuesta de Eliseo es otra idea más de su carácter. "Cuando capturas prisioneros de guerra, ¿los matas?". El

rey dice: "Bueno, no… no los mato". Eliseo entonces responde: "Bueno, está bien, estos no son tus prisioneros de guerra, son los prisioneros de guerra de Dios. Si no matas a los tuyos, ¿qué te hace pensar que deberías matar a los de él? Aliméntalos y envíalos a casa". Es así que un ejército sirio, indudablemente conmocionado, regresa a casa con el estómago lleno.

El próximo encuentro de Eliseo con un rey es nuevamente con el monarca de Siria, Ben Adad. Los sirios sitian Samaria. Rodean completamente la ciudad. El asedio dura tanto que la gente de Samaria se muere de hambre y sucede algo espantoso. Dos mujeres están tan cerca de la muerte por hambre que hacen un trato para canibalizar a sus hijos. Ambas tienen un bebé. Una de las mujeres ofrece a su hijo primero. Lo hierven y se lo comen. La segunda mujer, sin embargo, no puede seguir adelante con ese macabro plan. Así que se niega a ofrecer a su hijo para que se lo coman. En lo que debe ser uno de los juicios más repugnantes de la historia, la primera mujer demanda a la segunda por incumplimiento de promesa.

El rey, como es natural, se horroriza por todo eso cuando el caso se presenta ante él. Así que les dice: "¿Es esto lo que ha sido de nosotros? Estamos en un estado tan terrible que, si abrimos nuestras puertas, los sirios matarán y violarán a toda la ciudad, y quemarán Samaria hasta los cimientos. Si no hacemos algo, nuestra gente seguirá matando a sus propios hijos". En una forma calmada y serena, Eliseo le dice al rey: "No te preocupes por nada. Mañana a esta hora, podrás comprar un saco de trigo por un par de centavos. Habrá comida en todas partes". Uno de los generales del rey dice: "Aunque Dios abriera las ventanas del cielo y lo derramara, eso no sería posible".

En uno de los milagros más asombrosos de toda la Biblia, al día siguiente Dios dispersa al ejército sirio. Lo hace aterrorizando a los sirios con el sonido de un ejército atacando en lo alto. No hay ejército, por supuesto. Solo se oye el ruido de un ejército que viene de los cielos. Los sirios se dicen a sí mismos: "Israel ha contratado mercenarios hititas y egipcios, y nos están atacando por la retaguardia. Las puertas se abrirán en cualquier momento, el ejército de Israel saldrá y seremos atrapados". Ante eso, el ejército sirio huye del campo de batalla.

Están tan aterrorizados que dejan sus armas y toda la comida ahí mismo en el campo de batalla. También dejan sus tesoros en sus tiendas. Queda tanta comida que el rey de Israel le dice a su general: "Necesito que supervises la distribución". Cuando aquel general entra por la puerta de la ciudad para encargarse de la distribución, la gente está tan hambrienta que no pueden escucharlo. Al contrario, pisotean al hombre hasta matarlo. Aquel general pisoteado es también el hombre que dijo que la profecía de Eliseo sobre la provisión de Dios nunca podría suceder. En ese momento, Eliseo le dijo: "¿Dices que no lo verás? Lo verás, pero no comerás un bocado". Y eso es exactamente lo que sucede. El general es pisoteado antes de que pueda morder un bocado. Insisto, otra lección del ministerio de Eliseo: no se meta con un profeta de Dios. Más allá de eso, sin embargo, está esto. La duda y la incredulidad son las puertas de la destrucción.

Hay una nota al margen fascinante del milagro en el que Eliseo resucitó al hijo de una mujer sunamita. También involucra a un rey. Debido a que había una hambruna en ese momento, Eliseo le dijo a la mujer que saliera al campo y se quedara ahí hasta que la hambruna terminara. Cuando regresa, la gente se ha apoderado de su granja. Entonces apela al rey. Alguien le susurra al oído del rey: "Esta es la mujer a la que ayudó Eliseo". De inmediato, el rey ordena: "Devuélvanle su granja. Y, lo que, es más, denle todo lo que criaron en su finca durante los años que estuvo fuera. Páguenle todo eso". Esta historia revela cuánta estima y autoridad tenía Eliseo. El rey gobierna completamente a favor de una mujer extranjera simplemente porque Eliseo la ayudó una vez. Incluso los impíos respetarán al piadoso profeta de Dios. Puede que no lo traten tan honorablemente como hizo el rey de Israel con Eliseo. Incluso pueden quererlo muerto. Sin embargo, en el fondo, los impíos honran a los piadosos.

A continuación, leemos estas palabras sencillas y extraordinarias: "Y Eliseo vino a Damasco".[7] Puede que esto no parezca tan sorprendente en apariencia, pero considere que Damasco es la capital de Siria. Tenga en cuenta que Eliseo ha ayudado repetidas veces a Israel a derrotar a Siria. Sin embargo, ahora lo encontramos en la capital. Esto debe significar que el poder y la autoridad sobrenaturales de Eliseo son tan respetados internacionalmente que incluso puede entrar en el más tenebroso campamento de su enemigo.

El rey sirio, Ben Adad, está enfermo. Le da una orden a su segundo al mando, Hazael: "Ve y pregúntale a Eliseo si voy a recuperarme de esta enfermedad". A veces, las profecías de Eliseo son casi acertijos. Recuerde que le dijo a un general que vería la provisión de Dios al liberar al pueblo de una hambruna, pero que el propio general no comería nada de eso. Eliseo le dice a Hazael el mensaje que le va a dar a su rey: "No morirás de esta enfermedad, pero no te sanarás".

Después que Eliseo le da ese mensaje a Hazael, el profeta comienza a llorar. Hazael le pregunta: "¿Por qué lloras?". Eliseo responde: "Porque puedo ver lo que le vas a hacer a Israel". Luego relata lo que ha visto: "Vas a matar a Israel. Destrozarás a las mujeres que están embarazadas, matarás a los bebés y les estrellarás la cabeza contra las piedras". Hazael dice: "¿De qué estás hablando? ¿Qué tipo de perro crees que soy qué haría esas cosas?". Eliseo le dice: "Serás el próximo rey de Siria. Y atacarás a Israel".

Así que Hazael regresa a Ben Adad y este le dice: "¿Qué dijo Eliseo? ¿Me matará esta enfermedad?". Hazael responde: "No, la enfermedad no te matará". Al día siguiente, Hazael coloca una toalla mojada sobre el rostro del rey, asfixiándolo hasta que muere. El rey no muere de su enfermedad, pero no se recupera, tal como profetizó Eliseo.

En otro episodio poco después, Dios le habla a Eliseo y le dice que haga dos cosas: "Ve a Judá y unge a Jehú como el próximo rey de Judá, y luego ve a Siria y unge a Hazael como el próximo rey de Siria". Menciono esto porque cuando Elías estaba muriendo, estas son las tres cosas que Dios le dijo que hiciera: "Unge a Eliseo como tu segundo al mando, unge a Jehú como rey de Israel y unge a Hazael como rey de Siria". Elías solo ungió a uno de ellos. Hay mucha discusión sobre este episodio. ¿Fue Elías desobediente? ¿Fue rebelde? Bueno, creo que estaba viejo y cansado. Se ocupó de la sucesión de su propio ministerio y luego dijo: "No puedo tratar con reyes. ¿Ungir a los reyes de dos países? No. Hasta aquí llegué". Entonces Eliseo terminó el mandato profético de Elías.

Hay una escena final en la vida de Eliseo que me conmueve. Sucede en sus últimos días. El gran profeta está a punto de morir. Seguramente se ha cansado y está avergonzado por todas las grandes tragedias de los reyes con los que ha trabajado. Ha habido muchas guerras, asesinatos, conspiraciones y golpes de estado traicioneros. Ahora Joás es el rey de Israel y, como Eliseo está en su lecho de muerte, Joás va a ver al gran profeta.

Joás le dice al profeta: "¡Si mueres, es como si los carros y los jinetes de Israel se hubieran ido! Eres más poderoso que nuestro ejército". Eliseo dice: "Toma tu arco y varias flechas, tómalos en tu mano". Eliseo luego pone su vieja mano en el arco y la pone sobre la de Joás y dice: "Abre la ventana que da hacia el oriente. ¡Dispara!". Cuando lo hace, Eliseo dice: "¡Tú vas a derrotar a los sirios en Afec hasta acabar con ellos! Así que toma las flechas".

Luego dice: "Ahora toma las flechas que te quedan y golpea el suelo". El rey Joás golpea el suelo tres veces y le entrega las flechas a Eliseo. Eliseo dice: "¡Necio! ¡Tonto! Ahora vencerás a los sirios en solo tres batallas. Deberías haberlo golpeado una y otra vez, cinco veces, seis veces. Ahora vas a ganar solo tres veces".

Cuando Dios se está moviendo, no se conforme con la mera formalidad. Muestre algo de pasión. Muestre algo de celo. ¡Ataque! La reprimenda final de Eliseo a un rey se debió a que este no mostró suficiente pasión, suficiente celo en perseguir las victorias que Dios había prometido. Así que viva lo que Dios le da con santa pasión. ¡No se conforme!

Después de la muerte de Eliseo, su cuerpo fue enterrado en una tumba. Algún tiempo después, otro hombre murió. Justo cuando la gente del pueblo cargaba el cadáver para ser enterrado, los asaltantes amalecitas fueron vistos dirigiéndose hacia el pueblo. La gente entró en pánico y arrojó el cadáver sobre los huesos de Eliseo. Tan grande era el poder del profeta que incluso después de la muerte el hombre volvió a la vida. ¡La unción sobre Eliseo fue tan poderosa que sus huesos obraron un milagro de resurrección!

¿Quién era ese épico Eliseo, transformador y ser increíblemente poderoso? Profeta. Patriota. Trabajador milagroso. Amigo y enemigo de reyes y generales. Agente secreto internacional y espía sobrenatural. Cada profecía que formuló se hizo realidad. Después de la muerte de Eliseo, Joás luchó contra los sirios en Afec y los golpeó tres veces. Dios ve lo que nosotros no podemos ver. Dios puede hacer lo que nosotros no podemos hacer, su reino sobrenatural trasciende nuestro reino natural. Verdaderamente, qué poderoso es el Dios al que servimos.

LECCIONES DEL VIEJO DOCTOR MARK SOBRE ELÍAS Y ELISEO

Su vida se mide por su legado.

Su legado no es la cantidad de patrimonio que deja atrás. No se trata de la cantidad de edificios que construyó o los premios que ganó o los campeonatos deportivos que ganó. Su legado es el fruto perdurable de su vida, su impacto en los demás para bien y para Dios. Es el poder que tiene usted de cambiar la vida de los demás. Un veterano de doce años de la Liga Nacional de Futbol (NFL), que jugó una vez en el equipo ganador en un Super Bowl, fue arrestado por hurto y robo de auto. Hay una diferencia, una enorme y trágica diferencia, entre ganar un anillo llamativo con diamantes y dejar el legado de una vida.

Cuando considere cuál puede ser su legado, cuando evalúe no los éxitos y fracasos de su vida, sino el impacto de ella, no piense en lo que ha ganado o aprendido. Piense en la tumba de Eliseo. Cuando se haya ido, ¿será el efecto de su vida tan poderoso para los demás?

Entre todas las "Lecciones del viejo doctor Mark" de este libro, esta es la más importante. De hecho, si leyó todo lo demás en este libro y se perdió esta lección, se lo perdió todo. Aquí está.

Hace años, cuando era presidente de una universidad cristiana, conocí a un joven excelente con el que forjé una especie de "amistad de pasillo". Me propuse pasar más tiempo hablando con él cuando nos encontráramos en el recinto. Finalmente, le pregunté por su familia. Me dijo que era la primera persona de su familia en ir a la universidad y que le estaba yendo bien, no muy bien, pero lo suficientemente bien, porque trabajaba con todo su corazón. No era un estudiante talentoso, pero sí trabajador.

Le pregunté sobre eso una vez. ¿Qué lo motivó? ¿Qué le hizo trabajar tan duro? Nunca olvidaré su respuesta.

"Presidente Rutland, mi padre maneja un camión de basura para que yo pueda asistir a la universidad, así no tendré que conducir un camión de basura, para que mis hijos no conduzcan camiones de basura. Por eso trabajo tan duro".

Y eso, no un anillo de Super Bowl, es un legado.

Ha Sof

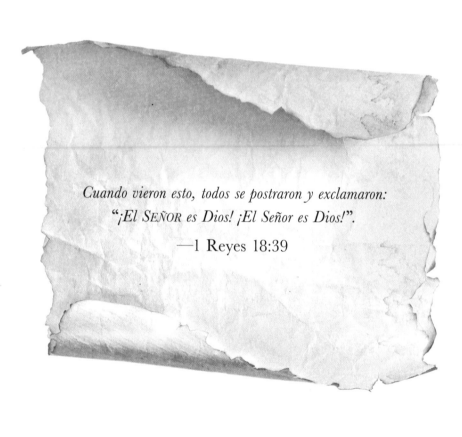

Cuando vieron esto, todos se postraron y exclamaron:
"¡El Señor es Dios! ¡El Señor es Dios!".

—1 Reyes 18:39

EL REY SALOMÓN escribió lo siguiente al final de Eclesiastés: "Este es el fin de todo el discurso oído".[1] Las palabras hebreas traducidas como "el fin" o *ha sof* se parecen a las que se usan al referirse al fin del mundo. *Sof* se emplea, incluso, en una fascinante expresión idiomática hebrea que trata con el medio de la nada y que se traduce literalmente así: "cuando llegues al fin del mundo, gira a la izquierda". *Ha sof* también puede significar más, como en la pregunta, ¿qué conclusiones podemos sacar de todo esto?

Después de todo, la mayoría de nosotros no somos reyes ni profetas. Somos, sin embargo, lo que fueron ellos: seres humanos que debemos vivir en la época en que nacemos. Esos reyes y los profetas con quienes trataron vivieron en tiempos de gran agitación. Tal como nos pasa a nosotros hoy. Su tiempo tenía guerras y rumores de guerras, políticos despiadados y malvados en lugares altos y religiosidad sin santidad. Proliferaban los falsos profetas y la verdadera palabra de Dios rara vez se escuchaba en la tierra. Desde las perversiones de Sodoma y Gomorra hasta los idólatras salones de Acab y Jezabel, el pecado parecía muy fuerte y el pueblo del Señor muy débil. La tierra estaba rodeada de adversarios y el pueblo de Dios estaba dividido a punto de que podía llegar a una guerra civil.

Todo luce alarmante, inquietantemente familiar. Los principados y los poderes de la época actual parecen tener el control de este mundo, desde la Casa Blanca hasta el Kremlin. Eso parece. Dios no se desanima ni se confunde. No lee el periódico para enterarse de lo que está pasando. La historia no afecta a Dios. Se desarrolla en la palma de su mano. Él es el Dios de la historia. También es Dios en la historia.

Tampoco su brazo es demasiado corto. No nos abandonará. Resucitó a Elías y a Eliseo. Se comunicó con Abram, convocó a Moisés desde el profundo desierto y lo usó para destruir al poder de Egipto.

Es una ingenuidad histórica creer que, de alguna manera, la civilización ha mejorado. El mundo continúa siendo como era antes. Es algo difícil de escuchar y difícil de pronunciar. Las naciones todavía se levantan y caen. Los ejércitos todavía invaden. Las ciudades todavía son saqueadas e incendiadas, y los pueblos son llevados cautivos. El mundo es como era. Esa es la dura verdad.

Dios es como era y es como será. Él es Yo soy. Esa es la gran verdad. El Dios de Abraham y Eliseo no se ha ido a ninguna parte. Todavía tiene un pueblo, un remanente que lo ama. Todavía puede levantar voces proféticas que nos llamen a salir de la esclavitud y reprenderán a nuestros señores.

Cuando Elías oró por fuego en el monte Carmelo, la gente, que solo el día anterior había estado adorando ídolos, clamó: "¡El Señor es Dios! ¡El Señor es Dios!".[2]

Cuando todos los reyes de la tierra estén muertos y se hayan ido y todos los profetas guarden silencio, ¿cuál ha de ser la gran conclusión de todos los siglos de conflicto entre ellos? ¿Qué vamos a hacer con todo eso? Simplemente esto.

"El Señor es Dios. El Señor es Dios".

Notas

Prólogo

1. 1 Pedro 3:15.
2. 2 Corintios 5:20.
3. Proverbios 13:20.

Capítulo 1: El consejo de Dios en medio de la confusión de los hombres

1. Ver Hechos 11:27-30.
2. Hechos 11:28.
3. C. Suetonius Tranquillus, "The Life of Claudius," in *The Lives of the Twelve Caesars*, trans. J. C. Rolfe (Loeb Classical Library, 1913–1914), consultado el 17 de mayo de 2021, https://penelope.uchicago.edu/Thayer/E/Roman/Texts/Suetonius/12Caesars/Claudius*.html.
4. Hechos 21:9.
5. Juan 1:29.
6. "Anotado en el diario: el 26 de mayo de 1785", *The Diaries of George Washington*, vol. 4, *1 September 1784-30 June 1786*, ed. Donald Jackson y Dorothy Twohig (University Press of Virginia, 1978), 145-146, Founders Online, National Archives, https://founders.archives.gov.
7. John Vickers, *Thomas Coke: Apostle of Methodism* (Wipf & Stock Publishers, 2013), 98.
8. Isaías 6:1-8.
9. 1 Samuel 16:11.
10. 1 Samuel 16:12.
11. Isadore Twersky, "Rashi: French Religious Scholar," Encyclopedia Britannica Inc., consultado el 27 de mayo de 2021, https://www.britannica.com/biography/Rashi.
12. Double AA, reply to "How Many Prophets Were There and Who Were They?," Mi Yodeya, December 22, 2012, https://judaism.stackexchange.com.

Capítulo 2: Abraham, ¿el primer profeta?

1. Génesis 20:6-7, énfasis añadido.
2. Ver Génesis 14.

3. Génesis 13:12.
4. Lucas 9:62.
5. Génesis 19:22.
6. Génesis 14:22-24.
7. 1 Samuel 15:33.
8. Ver 1 Reyes 18:19.
9. Ver 2 Corintios 10:1-5.
10. Génesis 14:18-20.
11. Hebreos 7:2.
12. Hebreos 7:1-3.
13. Hebreos 7:15-17.
14. Génesis 20:3.
15. Ver Génesis 26:1-11.
16. Génesis 15:13-16.
17. Génesis 15:17.
18. R. Richard Pustelniak, "The Blood Covenant," Beit Avanim Chaiot, 1 de octubre de 1994, www.bac2torah.com.
19. Salmos 23:4.

Capítulo 3: Moisés y el Dios libertador

1. "Battle Hymn of the Republic," Library of Congress, consultado el 15 de junio de 2021, www.loc.gov.
2. Ver Éxodo 1:5.
3. John Ray, *The Night Blitz 1940–1941* (Arms and Armour, 1996).
4. Daniel 5:25-28.

Capítulo 4: Samuel y el reino de Israel

1. Sam Houston, "Speech at Brenham," in Amelia W. Williams and Eugene C. Barker, eds., *The Writings of Sam Houston, 1813-1863*, vol. 8 (University of Texas Press, 1943), 295-300.
2. James L. Haley, *Sam Houston* (OK: University of Oklahoma Press).
3. 1 Samuel 25:1.
4. 1 Samuel 2:1-2.
5. Lucas 1:46-50.
6. Tamar Kadari, "Hannah: Midrash and Aggadah," Jewish Women's Archive, consultado el 28 de mayo de 2021, https://jwa.org.
7. *Fiddler on the Roof*, directed by Norman Jewison (Mirisch Production Company, 1971).
8. 1 Samuel 3:3-10.
9. 1 Samuel 4:7.
10. Ver 1 Samuel 4:9.
11. 1 Samuel 4:21.
12. 1 Samuel 3:19, RVR1960.

13. Ver 1 Samuel 10:21-22.
14. Ver 1 Samuel 13:7-14.
15. Ver 1 Samuel 15:22-23.
16. 1 Samuel 15:33.
17. William Shakespeare, *Macbeth*, eds. David Bevington and David Scott Kastan (Bantam Books, 1988).
18. 1 Samuel 28:13.

Capítulo 5: Natán y un desastre real

1. Ver 1 Crónicas 11.
2. 2 Samuel 12:7.
3. Ver 2 Samuel 7:13.
4. Ver 1 Samuel 9.
5. 1 Samuel 22:5.
6. Ver 1 Crónicas 21.

Capítulo 6: Cuatro reyes, seis profetas y un Dios en movimiento

1. Ver 1 Reyes 13:1-3.
2. John Wesley, *John Wesley's Notes on the Bible the Old Testament: First Samuel—Psalms*, ed. Anthony Uyl (Devoted Publishing).
3. 2 Corintios 6:14.
4. Lucas 22:64.
5. Ver 2 Reyes 23.

Capítulo 7: Elías, Eliseo y un Dios poderoso

1. 2 Reyes 2:14.
2. 2 Reyes 4:42.
3. 2 Reyes 2:11.
4. 2 Reyes 2:14.
5. Ver 2 Reyes 2:23-24.
6. Ver 2 Reyes 6.
7. 2 Reyes 8:7.

Ha Sof

1. Ver Eclesiastés 12:13.
2. 1 Reyes 18:39.

Te invitamos a que visites nuestra página web, donde podrás apreciar la pasión por la publicación de libros y Biblias:

www.casacreacion.com

Para vivir la Palabra